KB110448

이석범의 탐라유사

제주 민담

차례
Contents

들어가며

예부터 전해져오는 이야기들을 뭉뚱그려 '설화'라 하고, 이를 다시 신화·전설·민담 등 셋으로 분류하는 게 학계의 관행이다.

'신화'는 신들이 등장하는 세상의 근원적 질서에 대한 이야기, '전설'은 비범한 인물이 등장하며 사실을 뛰어넘는 역사 이야기를 들려주는 것, 그리고 민담은 평범한 인물들이 겪는 특이한 체험 이야기라고 할 수 있다.

이들 옛날이야기 중에서 우리에게 보다 친숙하고 매력적인 것은 민담이다.

민담 속에는 우리 자신과 사회와 우주에 대한 아주 오래 된 지혜가 들어 있다. 그것은 세상이 변화해도 결코 퇴색되지 않는 원형적 지혜들이다. 또한 민담에는 매혹적인 상상의 세계가 펼쳐지기도 한다.

민담의 특성은 범세계적·범민족적이기 때문에 제주도만의 특성을 가진 민담은 희귀하게 마련이다. 그래서 '한국의 민담'이라는 책은 있지만 『제주 민담』은 이제껏 없었다. 이 책의 가치는 『제주 민담』이라는 표제를 단 최초의 책이라는 데서 찾을 수 있을 것이다.

『제주 민담』에 소개하는 28편의 이야기에서도 제주 특성이 나타난 것은 역시 많지 않다. 「오돌또기」「칠성부군」「모관 양반 이야기」「저승 갔다 온 사람 이야기」 등 또한 본토의 것과 유사한 유형으로서 다만 소재가 제주적인 것으로 변이되어 나타난 경우들이다. 그런 면에서 『제주 민담』은 한국인에게 가장 보편적으로 어필할 수 있는 옛날이야기를 담은 책이라 할 만하다.

『제주 민담』에는 동물이 등장하여 '보은'과 '사랑', '인신 공희'의 폐해 등을 이야기하는 우화, '욕심'의 경계나 '불효'에 대한 응징, '형제간 우애' 등을 강조하는 교훈적인 것, '민속적 금기' '혼령 결혼' '풍수' 등에 관한 이야기, '기지'와 '담대함'으로 난관을 극복하는 통쾌한 이야기, '열녀 칭송'과 '불교 귀의' 등등의 주제가 다채롭게 전개된다. 때로는 환상

적이고 포스트모던한 분위기를 불러일으키는 것도 있다.

그러나 『제주 민담』에 딱 어울리는 한 편을 꼽으라면 단연 「오돌또기」라 할 만하다. 우선 스케일이 장대하게 펼쳐져 '조선' '안남' '유구국' '여인국' '일본' '제주' 등 당시 표류 사고가 종종 일어났던 동지나해 전역이 무대가 되며, 평범한 남자와 평범한 여자의 사랑과 이별 과정이 애절하게 그려지고 있기 때문이다. 또한 그것의 증거로 아직까지도 불리는 '오돌또기'라는 민요까지 남겨놓았다.

『제주 민담』을 일독하며 옛것을 통해 오늘을 새롭게 보는 안목을 키우고 내일을 환상적으로 재구성해보는 상상력의 놀이를 즐기시기 바란다.

2016년 1월

이석범/소설가

오돌또기

제주도 민요에 '오돌또기'라는 노래가 있다.

오돌또기 저기 춘향 나온다.

달도 밝고 내가 머리로 갈거나.

둥그대 당실 둥그대 당실

너도 당실 원자머리로

달도 밝고 내가 머리로 갈거나.

노래의 첫마디 가사를 따서 오돌또기라고도 하고 후렴구
인 '둥그대 당실'을 곡명으로 쓰기도 하는 이 민요에는 배를 타고 육지로 향하다가 종종 풍랑을 만나 낯선 나라로 표류해야 했던 제주민의 애절한 사연이 깃들어 있다.

옛날 제주도 한 마을에 김복수라는 총각이 홀어머니를 모시고 살았다. 몹시 가난했지만 어머니에 대한 효심이 지극했고 글공부에도 관심이 많았다. 낮에는 산에 가 일을 하고 밤에는 부지런히 책을 읽어 날이 새는 줄도 모를 지경이었다. 그야말로 주경야독이었다. 그리하여 이 착하고 글 잘하는 총각에 대한 소문이 널리 퍼지게 되었다.

사람들은 이런 청년은 마을 전체가 키워줘야 한다며 뜻을 모았다. 총각이 한양으로 가 과거를 볼 수 있도록 집집이 십시일반으로 여비를 마련해준 것이다. 김복수 청년도 은근히 과거에 응시하고 싶은 생각이 있던 터라 동네 어른들의 성의를 고맙게 받아들였다. 그러고는 반드시 과거에 급제하여 이 은혜를 갚겠다고 여러 번 다짐도 하였다.

드디어 배를 타고 과것길을 떠나는 날, 하늘은 새파랗고 바다는 비단을 펼쳐놓은 것처럼 잔잔하였다. 마치 과거를 보러 가는 김복수의 급제를 예고하는 듯하여 김복수는 물론 그를 전송하러 포구에 나온 사람들까지 덩달아 기쁨이 차올랐다. 홀로 남겨질 어머니는 하염없이 눈물만 흘렸다.

"어머니, 걱정 마세요. 이제 곧 어사화를 꽂고 내려올 테니, 그때까지 잠시만 기다리시면 됩니다."

김복수는 오랫동안 손을 흔들며 조금씩 멀어지는 한라산을 바라보았다.

그러나 제주 바다의 변덕은 아무도 예측할 수 없는 것이었다. 한바다에 이르렀을 때 돌연 바다는 검은 구름에 덮이면서 폭풍이 몰아치기 시작하였다. 김복수가 탄 작은 배는 나뭇잎처럼 흔들렸다. 김복수 및 함께 배를 탄 사람들은 필사적으로 이 폭풍과 싸웠으나 역부족이었다. 이윽고 그 작은 배는 항로를 벗어나 정처 없이 표류할 수밖에 없었다.

며칠이나 흘렀을까, 바다는 거짓말처럼 잔잔해져 있었다. 김복수가 탄 배는 거의 다 부서진 채 파도에 밀려 어떤 낯선 땅에 도착하였다. 김복수가 정신을 차려보니 자기 외에는 모두 바다에 빠져버린 것 같았다. 동행자를 잃고 혼자만 살아남았다는 걸 안 김복수는 외로움과 두려움 때문에 꺼이꺼이 통곡하였다.

김복수의 울음소리를 들었는지 어디에선가 사람들이 바닷가로 몰려왔다. 몹시 더운 지방이어서 그들은 하나같이 간편한 차림에 햇볕을 가릴 원뿔형 모자를 쓰고 있었다. 그들이 무슨 소리를 질렀으나 김복수는 그 사람들 말을 한마디도 알아들을 수 없었다.

'아, 이곳은 대체 어떤 나라인가?'

오랜 표류에 지친 김복수는 그새 의식을 잃고 말았다.

연이틀 낮밤을 깊은 잠에 빠졌던 김복수는 간신히 눈을 뜨며 정신을 수습하였다. 자리에 누운 자신을 정성스레 간호하고 있는 한 처녀가 있다는 걸 알고 그는 몹시 놀랐다.

"댁은 뉘시오?"

그 처녀는 뭐라고 대답했으나 역시 알아들을 수는 없었다.

"무슨 말인지 모르겠소. 글은 모르오?"

김복수가 허공에 글 쓰는 시늉을 하자, 처녀는 이내 종이와 붓을 가져와 한자 몇 글자를 썼다. 다행히 처녀는 한자를 알고 있었던 것이다. 그래서 두 사람은 필담으로 대화를 나누며 서로에 대해 자세한 정보를 얻게 되었다.

이름이 '춘향'이라는 그 처녀는 유구국 사람인데 오라비와 함께 장사하러 일본에 가다가 풍랑을 만나 표류하였다고 한다. 처녀 역시 정신을 차려보니 배는 난파하였고 오라비의 행방도 모른 채 혼자만 이 땅에 밀려왔다는 걸 알았다. 이 나라는 안남이었다.

안남 사람들은 비교적 친절하여 자기와 같은 표류인들을 잘 대해준다고 했다. 마을 사람들이 돌아가며 잠자리와 먹을 것들을 마련해주고 다른 표류인들이 밀려오면 그들을 돌보게 하는 일을 맡겨주었다. 그래서 이번에 자기가 김복수를 간호하게 되었다는 것이다.

김복수도 자신이 표류하게 된 사연을 밝혔다. 서로 다른 나라에서 왔지만 낯선 곳, 동일한 장소에 표류해 왔다는 같은 운명을 지녔으며, 둘 다 외로운 처지였다. 조선 사람이며 제주도 총각인 김복수와 유구국 처녀인 춘향의 색다른 인연은 이렇게 맺어졌고, 두 사람은 곧 부부가 되어 슬하에 여러 명의 자식들을 두게 되었다.

비록 가정은 이루었으나 어디까지나 낯선 이국 땅 안남이었다. 김복수는 하루빨리 홀어머니가 기다리는 고향 제주도로 가고 싶었고, 춘향도 남편을 따라 어디든 가겠지만 일단 오라비의 생사를 알고 싶어 하였다.

그러던 어느 날 안남에 이국의 상선이 도착하였다. 그 상선은 일본국에서 온 배였는데, 안남 사람들이 주선하여 귀국길에 김복수 가족을 고향으로 데려가줄 것을 요청하였다. 배 주인은 일본으로 가겠다면 한 사람은 태울 수 있다고 하였다. 우선 일본에라도 도착하면 가까운 제주도로 가는 일은 그리 어렵지 않을 터였다. 그러나 한 사람밖에 안 된다니.

"아내와 자식들이 있는데 나 혼자만 가면 어찌한단 말이오?"

김복수는 일본 상인에게 식구 모두 데려다달라 통사정하

였으나 배 주인은 자리가 없다며 일언지하에 거절하였다. 게다가 한 사람 뱃삯이 쌀 100가마였다. 뱃삯도 엄청났지만, 실은 당시 뱃사람들 사이에 여자를 상선에 태우면 장사를 그르친다는 믿음이 퍼져 있어서 춘향을 태우지 않으려 한 것이었다.

상황이 이렇게 되자, 오랜 논의 끝에 김복수만이라도 먼저 돌아가놓고 다음의 일을 꾀하자며 부부간 약속이 되었다. 먼저 떠난 남편이 다시 데리러 올 때까지 춘향과 아이들은 안남에 남기로 한 것이다. 물론 그게 언제일지는 기약할 수 없는 노릇이었다.

과연 남편은 돌아올 수 있을 것인가.

일본 상선에 몸을 싣고 떠나는 남편을 향하여 하염없이 손을 흔들며 춘향은 슬픔에 불안에 싸여 눈물을 훔쳤다.

상선은 일본 오사카에 도착하였다. 오사카에는 김복수처럼 안남이나 여인국에 표류되었다가 상선을 타고 온 사람들이 여럿 있었고 제주 출신 잠녀들과 어부들도 많이 모여 살고 있었다. 그들의 도움으로 김복수는 일단 쌀 100가마니의 뱃삯을 치렀다. 그러고는 꾼 뱃삯을 갚기 위해 이것저것 가리지 않고 일을 하였다. 한동안 일을 하며 이 사람 저 사람 만나다보니 표류인들을 종종 접하게 되었고, 그중 한 사람이 유구에서 온 춘영이라는 남자인데 놀랍게도 김복수가 안남에 두고 온 아내 춘향의 오라비였다.

두 사람은 서로 손을 맞잡고 기쁨과 탄식의 말들을 쏟아내었다.

"세상에 이런 일도 있구나!"

"간절히 바라면 이루어지는 것이구려!"

오라비 춘영도 배가 파손되어 뿔뿔이 흩어지는 와중에 누이 춘향이가 실종되었지만 어딘가에 반드시 살아 있을 것으로 믿으며 살고 있었다 한다.

김복수의 처남, 춘향의 오라비 춘영은 그간 열심히 돈을 모아 유구국으로 돌아갈 뱃삯을 마련하였다고 한다. 마침 유구로 무역하러 가는 한 상선이 출항준비를 하고 있었고 그 배가 안남을 거치게 되어 있었다.

"그 배에 타 안남에 도착하면 그때 누이와 조카들을 찾아 유구로 데려가겠습니다."

춘영은 자기의 계획을 말하였다. 김복수는 당장 자기도 그 배에 같이 타겠다고 하였다. 우선은 제주도에 돌아가 홀어머니도 만나고 마을 사람들에게 살아 있음을 전하는 게 급선무였지만, 아내와 자식들과 함께할 수 있는 기회를 놓칠 수도 없었던 것이다.

얼마 후 김복수와 춘영이 함께 탄 상선은 유구를 향해 출항하였다. 한참을 항해하다보니 저 멀리 수평선에 우뚝 솟은 산 하나가 보이기 시작하였다. 김복수는 속으로 부르짖었다.

'한라산이다!'

그렇게 돌아가고자 하던 고향 땅이 바로 눈앞에 펼쳐지는 것이었다. 김복수의 가슴에 고향에 대한 사무친 그리움이 왈칵 솟구쳤다.

'한라산을 눈앞에 두고 그냥 지나칠 수는 없다!'

김복수는 꾀를 내었다. 재빨리 배 안의 식수통들에 구멍을 내어 물이 새어버리게 하였다. 그러고는 사람들에게 외쳤다.

"식수통에 물이 거의 없습니다! 유구는커녕 안남에 이르기도 전에 마실 물이 떨어질 것 같습니다."

"정말 그렇군. 마실 물이 없으면 안 되지."

"저기 보이는 섬이 큰 섬인데 우리가 마실 물이야 얼마든지 있지 않겠습니까? 작은 배 한 척 내려주시면 제가 가서 식수를 얻어오겠습니다."

김복수가 자청하자 모두들 그러라고 하며 식수통을 실은 배를 내려주었다.

그는 있는 힘을 다해 노를 저어 드디어 제주 땅에 상륙하였다. 김복수는 홀어머니가 계시는 집으로 치달렸다. 과거를 보러 갔던 아들이 돌아오지 않아 폭풍을 만나 죽어버리지 않았을까 수심에 싸여 있던 어머니는 아들이 갑자기 나타나자 너무나 놀라 자빠질 뻔하였다. 그러고는 재회의 감격에 겨워 기쁨의 눈물을 한없이 흘렸다.

"어사화고 뭐고 다 필요 없다. 네가 살아 돌아온 것만으로 충분하구나."

김복수는 동네 사람들도 만나 그간의 이야기를 전하며 한동안 즐거운 시간을 보내었다.

춘영이 탄 상선은 김복수가 오랫동안 돌아오지 않는데다 바람이 슬슬 일면서 한바다로 배를 밀어내자 더 이상 머무를 수 없었다. 춘영이 조금만 더 기다려보자고 사정하였으나 배 주인은 단호하게 결정하였다.

"일정이 빠듯하니 우린 예정대로 항해합니다."

"안남으로 갑니까?"

"아니오. 당신 매부 때문에 차질이 생겼으니, 일단 유구로 먼저 가겠소. 안남은 돌아오는 길에 필요하면 들를 것이오."

춘영이 안남에 있는 누이 춘향과 만나려던 계획도 어그러지는 순간이었다.

돛을 높이 세운 상선은 점점 한라산과 멀어져 갔다.

홀어머니와 동네 사람들과 재회의 인사를 나누느라 지체

한 김복수는 뒤늦게 서둘러 바닷가로 돌아가보았다. 물론 상선은 이미 떠나간 후였다.

그날부터 김복수의 가슴은 춘향에 대한 그리움으로 타들어갔다. 사랑하는 아내와 자식들은 안남 땅에, 처남은 유구국에, 그리고 자기는 고향 제주도에 서로 뿔뿔이 흩어지게 되었고, 다시 만날 수 있는 날은 기약할 수 없었다.

달 밝은 밤이면 더욱 춘향이 그리워지고, 그럴 때마다 김복수는 그 바닷가로 나갔다. 바다는 달빛을 받으며 부드럽게 출렁이고 있었다.

출렁이는 파도의 가락에 맞춰 김복수는 노래를 부르기 시작하였다. 자신의 기구한 운명을 스스로 달래는 애절한 노래였다.

오돌또기 저기 춘향 나온다.
달도 밝고 내가 머리로 갈거나.
둥그대 당실 둥그대 당실
너도 당실 원자머리로
달도 밝고 내가 머리로 갈거나.

마을 사람들은 김복수의 노래를 듣기 위해 바닷가로 모여

들었다. 구슬프면서도 맑은 가락을 지닌 이 노래를 사람들도 하나둘씩 따라 부르며 김복수의 처지를 동정하였다.

청사초롱에 불 밝혀 들고
춘향의 집을 찾아나 갈거나
둥그대 당실 둥그대 당실
너도 당실 원자머리로
달도 밝고 내가 머리로 갈거나.

그러던 어느 날 갑자기 김복수가 보이지 않았다. 혹은 바다에 뛰어들었다고도 하고, 혹은 작은 배를 저어 춘향에게로 갔다고도 하는 등 뜬소문만 널리 퍼져나갔다.

두루붕이 형제

홀어머니를 모시고 두 형제가 살고 있었다. 형은 타고난 바보라서 사람들한테 '두루붕이'라고 불리었다. 아우는 자기 이름이 있었지만 형이 워낙 천치였기 때문에 역시 '두루붕이 아시(동생)'로 불릴 수밖에 없었다. 아시 두루붕이는 형과 달리 얼굴이 반듯하니 잘생기고 머리도 좋은 편이었다.

어느 날 형제는 홀어머니를 모시고 산에 가서 딸기를 따 먹기로 하였다. 어머니는 늙은 몸으로 형제 뒤를 두루 쫓아다녀야 하니 숨이 차서 헉헉거리며 멀리 처지곤 하였다. 그래서 두루붕이 아시는 형에게 어머니를 돌보고 있으라 당부하고는 혼자 먼 데로 딸기를 따러 갔다.

늙은 어머니와 함께 남은 형 두루붕이는 곧 심심하여졌다. 그래서 두루붕이는 칡덩굴로 어머니의 코를 꿰어 질질 끌고 다니며 딸기를 땄다. 늙은 어머니는 그 고통을 견뎌낼 수 없었다. 돌과 나무 등에 할퀴이고 채여 신음하다가 죽어 버리고 말았다.

동생이 돌아와서 보니 기가 막혔다.

"아시가 어머니를 잘 보살피라 해서, 칡으로 코 단단히 꿰어서 끌고 다녔어."

두루붕이는 아시를 보자 자랑스러운 일이나 한 듯이 말하였다.

어쨌든 어머니 장사는 치러드려야 하였다. 하지만 두루붕이 형제로선 돈 한 푼, 쌀 한 톨 없는 처지가 아닌가. 무엇으로 장사를 치른단 말인가. 아시 두루붕이는 아예 독하게 마음먹었다.

"형님, 이웃 부잣집에서 쌀을 훔쳐냅시다."

두루붕이로서야 판단력 자체가 없으니 그저,

"좋아, 좋아."

라고 할 따름이었다.

깊은 밤, 두루붕이 형제는 이웃 부잣집 담을 넘고 쌀가마니 가득 쌓인 곳간까지 무사히 숨어 들어갔다. 그런데 오랜

만에 쌀 구경을 한 두루붕이가 감격해서인지 소리를 지르고 말았다.

"꺄! 쌀이다!"

깊은 밤에 큰 소리로 외치는 바람에 잠을 자던 사람들이 놀라서 모두 깨어나고 말았다. 두루붕이 형제는 현장에서 붙잡혔다.

"아니, 이게 누구들이야?"

도둑놈들이라 붙잡은 것을 보니 두루붕이 형제였다. 이웃집 주인은 어이가 없었다. 왜 도둑질을 하려 왔느냐 물으니, 아시 두루붕이는 어머니 장례를 치르기 위한 것이라고 대답하는 것이다.

"그런들 도둑질을 해서야 되겠느냐? 내게 떳떳이 말을 했더라면 이웃의 조위로 쌀말이나 주었을 게 아니냐?"

주인은 이렇게 두루붕이 형제를 타이르고 나서 쌀 두어 말을 내주었다.

"고맙습니다. 고맙습니다."

형제는 몇 차례나 주인에게 감사의 인사를 올리고 돌아왔다. 형제는 그 쌀로 밥 대신 죽을 끓이기로 하였다. 밥 짓는 것보다 훨씬 더 많은 사람들을 대접할 수 있을 것이라는 생각에서였다.

아시 두루붕이는 죽을 끓이기 시작하면서 형인 두루붕이

에게 상여꾼을 청해올 것을 부탁하였다. 두루붕이는 곧 동네 거리거리마다 돌아다니면서 외쳤다.

"이놈들아! 빨리 와서 우리 어머니 장사나 치러라!"

이런 무례한 소리를 듣고 동네 사람들이 좋아할 리가 없었다. 두루붕이한테 욕만 실컷 하면서 아무도 도와주려고 하지 않았다.

두루붕이 아시는 이 사실을 알고 형에게 죽 끓이는 솥을 지켜보라 하고는 자기가 집집마다 찾아가 공손히 절하며 어머니 장례를 치러달라고 부탁하였다. 그제야 동네 사람들은 어쨌든 장사는 치러주어야 한다며 상여꾼으로 나섰다.

집으로 돌아온 동생은 다시 놀라고 말았다. 형 두루붕이는 솥 앞에 지저분하게 똥을 갈겨놓았고 솥에다 연방 돌팔매를 치고 있는 것이었다. 솥은 돌팔매질에 밑창이 뚫려 죽물이 줄줄 흘러내리고 있었다.

"형님, 이게 어찌 된 일입니까?"

"죽물이 튀면서 내 뺨을 치잖아! 그래서 나도 돌멩이로 마주 쳤지. 그랬더니 이번엔 이것이 흰 똥을 싸잖아! 그래서 나도 똥을 막 갈겨주었지 뭐."

형 두루붕이의 대답에 동생은 그저 기가 막힐 뿐이었다.

이왕 상여꾼들은 와 있는 참이었으므로 동생은 우선 주변의 더러운 것을 깨끗이 치우고 죽을 그릇에다 떠 넣으며 형에게 나누어주도록 하였다.

두루붕이는 상여꾼들에게 죽 한 그릇씩 갖다 놓으면서 그들 앞에다 방귀를 뽕뽕 뀌어대었다. 아무리 천치 두루붕이가 하는 짓이라 한들 가만히 견뎌낼 사람은 없었다. 다들 눈치를 봐가며 슬슬 도망가버렸다.

할 수 없이 두 형제만이라도 장사를 치르기로 하였다. 형제는 어머니 시신을 거적에 싸서 등에 지고 산골짜기로 들어갔다. 동생은 형에게 어머니 시신을 지키게 하고 적당한 묏자리를 찾아 헤매었다.

그동안 두루붕이는 전날처럼 칡덩굴로 어머니 시체의 코를 꿰어 끌고 다니며 딸기를 따 먹기 시작하였다.

"딸기 맛 좋다!"

딸기 따 먹는 데만 정신이 팔린 두루붕이는 어머니 시체를 묶은 칡덩굴이 끊어지는 것도 몰랐다.

동생이 돌아왔을 때는 어머니 시체가 보이지 않았다. 주위를 아무리 찾았으나 헛수고였다. 형제는 생각다 못하여 불을 질러 덤불을 태워버리기로 하였다.

덤불에 불을 지르자 주위는 금세 시뻘겋게 타올랐다. 타오르는 불꽃에 취했음인지 두루붕이는 덩실덩실 춤을 추었다. 동생이 보기에 형 두루붕이는 완전히 미쳐버린 것 같았다. 불이 다 타고 나니 구석진 곳에서 어머니 시체가 새까맣게 그을린 채 발견되었다. 형제는 시신을 수습하여 그럭저럭 장사를 치렀다.

집으로 돌아오는 도중에 세 갈래 길이 나 있었다. 동생은 이제 더 이상 형 두루붕이와 함께 지낼 수 없을 것 같았다.

"형님, 이제부터는 따로따로 다니며 구걸이라도 해서 살아보도록 합시다."

"좋아, 좋아."

동생의 제안대로 형은 왼편 길로 동생은 오른편으로 각각 헤어졌다. 오른편 길로 건들건들 걸어가는 두루붕이의 모습이 시야에서 사라질 때까지 동생은 왼편 길에 오랫동안 우두커니 서 있었다.

동생은 한참을 걸어서 어느 마을에 이르렀다. 그는 일단 그 마을에서 제일 잘사는 듯한 집을 찾아가 동냥을 청하였다.

"밥 한술 줍소, 예……."

집 앞에서 몇 번을 그렇게 외치는데, 이윽고 대문이 열리며 웬 처녀가 얼굴을 내밀었다.

처녀는 동냥을 청하는 아시 두루붕이를 유심히 관찰하는

것 같더니,

"일단 안으로 들어오세요."

라고 청하는 게 아닌가. 밥 한술 주면 되는데 안으로 들어오라니까 동생은 그 친절함에 어리둥절할 지경이었다. 처녀는 다시 들어오라고 청하며 동생의 소매를 붙들었다. 아무래도 처녀는 아시 두루붕이의 반듯한 외모에 반한 모양이었다.

처녀는 동생을 툇마루에 편히 앉으라 하고 자기도 그 옆에 나란히 앉으며 물었다.

"이런 동냥질을 할 사람으로 보이지 않는데, 무슨 사연이 있나요?"

아시 두루붕이는 사정이 여차저차하여 동냥질을 나설 수밖에 없게 되었다고 솔직하게 털어놓았다.

동생의 말을 들으며 처녀는 그의 처지를 몹시 동정하여 안타까운 표정을 지었다. 그러더니 잠시 후 무슨 결심을 한 듯 이렇게 제안하였다.

"당분간이라도 제 방에서 숨어 지내는 게 어때요?"

아시 두루붕이는 처녀의 제안이 감격스러웠으나 한편 걱정도 되었다.

"어떻게 한 방에서 두 사람이……?"

"다 방법이 있어요. 일단 들어오세요."

그렇게 아시 두루붕이는 부잣집 딸의 방에서 숨어 살게

되었다.

머슴이 밥상을 가져오면 절반은 아시 두루붕이가 먹고, 세숫물이 들어오면 처녀가 먼저 씻고 그가 나중에 씻었다.

맨 처음 의심을 품은 사람은 당연히 심부름을 하던 머슴이었다. 전에는 밥을 절반도 먹는 둥 마는 둥하였고, 세숫물이 그렇게 더러워지지는 않았기 때문이다.

'아무래도 이상한 노릇이다.'

며칠이 지나자 머슴은 마침내 아가씨의 방에 웬 총각이 숨어 있음을 알아채고 말았다. 무엇을 더 생각하고 자시고 할 것도 없이 머슴은 주인에게 즉시 일러바쳤고, 집안은 발칵 뒤집혔다.

집주인 영감은,

"당장에 연놈을 주살해버리겠다!"

고함치며 노발대발이었고, 그 서슬에 부인은 딸이 어떻게 될까봐 간이 콩알만 해졌다.

"제발 좀 진정하세요. 그렇게 되면 자연히 남들도 알게 되지 않겠어요?"

"아니, 그럼 저년을 그냥 두란 말이야?"

"그러지 말고 궤짝이나 하나 만들어 그 속에다 집어넣고 한밤중에 바다에 내다 버립시다."

주인영감은 곰곰이 생각하였다. 죽일 수도 없고 그냥 둘 수도 없는 처지였다. 부인의 말대로 하는 수밖에 다른 도리가 없었다. 주인은 머슴에게 명하였다.

"두 사람이 들어갈 만한 큰 궤를 짜라."

마당에서 머슴이 보통보다 엄청나게 큰 궤를 짜는 걸 보고 이상하게 여긴 딸이 아버지한테 물었다.

"저렇게 큰 궤로 뭐 하시렵니까?"

"네년과 그놈을 궤에 함께 넣어 바다에 버리려고 만드는 거다!"

아버지의 분노는 좀처럼 가라앉지를 않았다.

사정을 알아차린 딸은 아버지 앞에 털썩 무릎을 꿇으며 말하였다.

"아버지! 삶과 죽음은 맞서지 않는 법이라고 항상 말씀하시지 않았습니까? 불쌍한 사람을 구한 것이 죄가 된다면, 오늘 밤이라도 아무도 모르게 집을 떠나 다시는 돌아오지 않겠습니다."

딸의 얼굴에는 눈물이 주르륵 흘러내리고 있었다. 딸의 말과 눈물에서 어떤 진실 같은 걸 느꼈는지 아버지는 분이 다소 가라앉았다.

"그렇다면, 지금 떠나라."

딸은 떠날 채비로 옷가지를 주섬주섬 챙기기 시작하였다. 그 모습을 보고 있던 어머니는 측은한 생각이 들었다. 아무리 집안망신을 시킨 딸이지만 모정이란 어쩔 수 없는 것이었다.

어머니는 잠시 생각한 끝에 남편의 눈치를 살펴가며 입을 열었다.

"여보 영감, 저렇게 내보낼 게 아니라 아예 그놈과 결혼시켜버리는 건 어때요? 부잣집 사위를 구해 잔치를 한다 하면 남들도 뭐라 할 수 없지 않겠어요?"

자식에 대한 정이야 어머니나 아버지나 한가지였다. 한참 동안 대답을 않고 있던 주인 영감은 마침내 고개를 끄덕이며 차라리 그러는 게 좋겠다고 동의하였다.

아시 두루붕이는 전화위복으로 이 마을 최고 부잣집의 사위가 되었다.

두 젊은 부부는 하루하루 평안한 날들을 보내었다.

그러던 어느 날, 아시 두루붕이는 형 문제를 아내와 의논하였다.

"내게 형님이 한 분 계시는데 종적을 모르오. 이젠 어디라도 가서 형님을 찾아야 하겠소."

이미 아내도 두루붕이 형제의 사정은 다 알고 있는 터였다. 그래서 이렇게 제안하였다.

"형님을 찾아 헤맬 게 아니라, 우리 집에서 걸인잔치를 열면 되지 않겠어요?"

"그것 참 좋은 방법이오! 형님은 반드시 오실 거요."

부잣집에서 걸인잔치를 한다는 소문은 널리 퍼져 원근 마을 거지란 거지들은 매일처럼 모여들었다. 사흘 지나고 나흘 지나고, 정해놓은 잔치의 마지막 날이 되었으나 형 두루붕이의 모습은 보이지 않았다.

걸인잔치를 다 마무리할 무렵, 몹시 남루한 차림의 걸인 하나가 터벅거리며 대문을 들어섰다. 아시 두루붕이는 즉시 그가 자기 형임을 알아보았다. 아시 두루붕이는 머슴을 불러 저 걸인한테는 잔치가 끝날 때까지 음식을 대접하지 말라고 당부하였다. 형제의 만남을 더욱 감격스럽게 하려는 처사였다. 형 두루붕이는 그저 한구석에 멀끔히 앉아 입맛만 다시고 있을 뿐이었다.

잔치가 끝나고 마당이 정리되자, 아시는 형 두루붕이에게 엎드려 절하였다.

"형님, 그간 얼마나 고생이 많으셨습니까?"

"어, 이게, 이게 누구야? 아시 맞나?"

"예, 접니다. 아시 두루붕이!"

형제는 얼싸안고 오랜만에 다시 만난 기쁨을 만끽하였다.

아시 두루붕이는 형을 안채로 모셔 좋은 옷으로 갈아입힌 다음 진수성찬을 차려 올렸다. 형 두루붕이는 엉엉 울면서,

맛있다 맛있다 하면서, 쩝쩝쩝쩝 소리를 내면서, 한 상 가득한 그 귀한 음식들을 다 먹어치웠다.

동생은 참한 색시를 구하여 형수로 삼고, 자기 재산을 반분하여 형에게 주고 한동네에서 행복하게 살았다 한다.

말 못 하는 아내

홍씨의 아내는 착하고 부지런하였다. 그런데 도통 말이 없었다. 남편이 뭐라 해도 잠잠, 시부모가 뭐라 해도 그저 묵묵히 일만 할 뿐이었다. 성품이 좋은 색시를 얻은 건 분명했지만 말을 하지 않으니 답답한 노릇이었다. 홍씨는 자기 마누라가 말 못 하는 벙어리가 아닌지 의심스럽기까지 하였다.

어느 날 그는 어머니에게 물어보았다.

"어머니, 며느리 구하러 갔을 때 저렇게 말할 줄 모른다는 걸 아셨습니까?"

"아니다. 내가 갔을 땐 멀리서 오시느라 얼마나 수고가 많으시냐면서, 식은 밥이지만 시장기나 면하게 한술 드시라는 등 말솜씨가 제법이더라. 그래서 며느리 삼자고 마음먹지 않았느냐?"

"그런데 어째 저렇게 말을 하지 않는 건가요?"

"글쎄다. 그거야 낸들 알겠니?"

어머니 말에 홍씨는 더욱 답답해 미칠 지경이었다.

"어머니, 며느리를 친정에 보내버리기로 합시다."

그게 무슨 말이냐는 듯 아들의 얼굴을 한번 쳐다보기는 했지만, 어머니로서도 이래라 저래라 할 일은 아니었다. 서로 말을 나누지 않는다면 부부라 할 수도 없으니 말이다.

잠시 생각한 후, 어머니가 말하였다.

"네 아내이니 내가 관여할 일이 아니다. 네 생각대로 하여라."

그래서 아들은 제 마누라를 친정에 보내기로 결심하였다.

"네 친정으로 돌아가거라."

홍씨가 이렇게 말하는데도 아내는 아무 대답이 없었다.

그런 아내를 친정집에 혼자만 달랑 보낼 수도 없어서, 그는 함께 가서 처갓집 어른들에게 자초지종을 설명해야겠고 마음먹었다.

앞장 선 남편의 뒤를 아내는 역시 아무 말 없이 종종걸음으로 따라 친정으로 향하였다.

얼마를 걸어 피곤해진 부부는 어디 자리 잡아 쉬어 가기

로 하였다. 편평한 돌 위에 앉아 한참을 쉬고 있는데, 어디선
가 꿩 한 마리가 푸드덕 날아왔다. 그 꿩이 잠시 앉았다가 다
시 어디론지 푸드덕 날아가는 모습을 눈으로 쫓고 있던 아
내가 가만히 노래를 부르기 시작하였다.

> 저 꿩이나 잡았으면.
> 퍼덕이는 날갯살은
> 시어머님 드리고,
> 힐끗힐끗 보는 눈은
> 시아버지 드리고,
> 매의 발톱 같은 부리는
> 시누이를 먹이고,
> 걷고 걷는 정강이는
> 서방님께 드리고,
> 썩고 썩는 가슴살은
> 설운 내가 먹으리.

서글프기 짝이 없는 음조였으나 사람의 가슴을 울리는 데
가 있는 노래였다. 노래를 듣고 난 남편은 무엇보다 아내의
목소리를 들은 게 놀라웠다.

"아니, 노래는 그렇게 썩 잘하면서 대체 말은 왜 아니 하

는 거요?"

그러자 아내는 담담한 음성으로 이야기를 하기 시작하였다.

"시집오기 바로 전에 뒷집 사는 할머니를 찾아갔었어요. 어떻게 하면 시집살이를 잘할 수 있을까 물어보러 갔던 거예요. 그때 할머니가 말씀해주시더군요. 누가 뭐라 해도 귀 막아 3년, 말 못 해 3년, 눈 어두워 3년…… 그렇게 지내면 시집살이를 잘할 수 있는 거라고요."

사연을 듣고 보니 참으로 순박한 색시였다.

'내가 그걸 몰랐었구나.'

홍씨는 속으로 끌끌거리며 스스로를 책망하고는 이 착한 아내를 친정으로 돌려보내려던 자신의 경솔함을 뉘우쳤다.

"어서 집으로 돌아갑시다."

함께 집으로 돌아온 뒤부터 남편은 매사에 아내의 행위를 이해하고 보살피며 행복한 나날을 보내게 되었다.

곰보색시

김씨 청년은 어려서 양친을 모두 잃고 고아로 살았다. 따라서 살림은 구차하기 이를 데 없었다.

김씨 청년도 나이가 들어 장가를 가기는 가야 하는데, 사정을 잘 아는 그 마을에서는 누구도 가난한 청년에게 딸을 내주려 하지 않았다.

김씨 청년은 곰곰이 생각하였다.

'내 집안 형편을 잘 모르는 먼 마을에 가서 색시를 구하면 되지 않을까?'

그런 희망을 품고 자기 마을을 떠난 청년은 이 동네 저 동네를 전전하며 색시를 찾아 헤매었다.

그러던 중 어느 마을 정자나무 아래서 쉬는데, 사람들이 이곳에 참한 색시가 있다는 이야기를 해주는 것이었다. 색시는 참한데, 정작 청혼은 들어오지 않아 그 집도 근심에 싸여 있다는 말까지 덧붙였다. 총각은 옳거니 하고 당장 그 집을 찾아갔다.

"먼 데서 소문을 듣고, 댁의 따님을 색시로 얻고자 이렇게 왔습니다."

다짜고짜 이렇게 청혼을 하였는데, 의외로 그 집주인은 선선히 받아들이는 것이다. 그야말로 이 색시한테 지금까지 단 한 번도 청혼이 들어온 적이 없는 게 분명하였다. 김씨 총각으로서도 이것저것 가릴 여유가 없었으니 이내 혼인날짜까지 결정되었다.

그런데 장인 될 이가 청혼은 쉽사리 받아들이면서도 딸의 얼굴은 절대 보여주려 하지 않았다.

"첫날밤에 신부 얼굴을 보는 게 법도지."

말이야 그렇게 하였지만, 실은 자기 딸이 어려서 마마를 심하게 앓아 곰보가 되어버렸기 때문에 보여주지 않은 것이다. 그 얼굴을 직접 보면 청년의 실망이 커서 모처럼의 청혼도 물리기 십상이었다. 어떻게든 혼기를 이미 넘긴 딸의 머리는 올려줘야 부모 도리를 하는 것이다.

김씨 청년은 급히 자기 마을로 돌아가서 이 사실을 주위에 알리고 혼인 준비를 하기 시작하였다. 마을 사람들도 고아로 자란 청년이 드디어 색시를 구해 혼인한다고 이것저것 도움을 베풀었다.

　잔칫날이 되어 신랑은 신붓집으로 갔다. 혼례를 마치고 맞이한 첫날밤, 비로소 신부의 얼굴을 본 신랑은 기절한 만큼이나 놀라고 말았다. 얼굴 가득 얽고 얽은 곰보가 아닌가.

　'아, 이렇게도 추한 색시라니!'

　신랑은 신부를 곁에 두고도 손길 한 번 대지 않은 채 돌아눕고 말았다. 크게 속은 것처럼 화가 난 신랑은 내일 당장 이 혼례를 파기해버려야지 속으로 단단히 벼르고 있었다.

　그날 밤 신방에서는 구슬픈 노랫소리가 흘러나왔다.

　　복복이 얽은 년아,

　　주리주리 맺힌 년아,

　　무슨 정에 잠이 오냐.

　　어느 눈에 잠이 드냐.

　　야밤중에 생긴 년아,

　　얽고 싶어 얽었느냐.

　　궂고 싶어 궂었느냐.

신산의 나무 좋아

　　방 따스워 풋잠 드네.

　　신랑은 등 돌리고 드러누운 채 이 노래를 듣고는 적잖게 놀랐다. 색시의 겉모습과 너무도 딴판인 아름다운 목소리였던 것이다. 신랑은 신부가 비록 박박 얽은 얼굴이지만 어쩐지 생각은 깊은 여자인지도 모른다는 생각을 하였다.

　　신부를 데리고 마을로 돌아오자, 사람들은 왜 저런 여자를 색시로 맞았을까 하며 수군대었다. 그래도 신랑은 모른 척하고 신접살이를 시작하였다.

　　얼마 후, 신랑의 친척집에 잔치가 있어 아침부터 내외가 함께 가서 일을 도와주지 않으면 안 되게 되었다.

　　그런데 이 잔칫집에서 곰보색시가 제대로 역할을 하는 것이었다. 상 차린 것을 보고는 차리는 법도가 틀렸다면서 새로 꼼꼼히 상을 보고, 상을 올리는 차례도 까다로운 예법에 맞춰서 스스로 차근차근 웃어른 순서대로 올려드렸다. 이를 본 손님마다 곰보색시의 깍듯한 예절과 훌륭한 솜씨에 칭찬을 아끼지 않았다.

　　오후가 되자 하객들이 점점 많아져가는데 주방에서는 밥이 모자라겠다고 야단이었다. 즉시 곰보색시가 밥 짓기를 맡더니 잔치가 끝났을 때는 두 바구니의 밥이 남아돌았다. 사람들은 정말 지혜로운 색시를 구했다면서 신랑한테 치사하였다.

다음 날 곰보색시는 잔치에 썼던 식기며 솥 등을 깨끗이 씻고 집안도 청결하게 치웠다. 게다가 물독마다 물을 가득 채워놓는 것도 잊지 않았다.

이 곰보색시가 하는 양을 처음부터 끝까지 지켜보던 한 친척 노인이 신랑을 불러 앉혔다.

"자네 색시가 곰보라고 해서 절대 딴마음 먹지 말게. 굴러온 복을 놓치지 말란 말일세. 남자가 각시 데리고 사는 거, 별게 있나? 여자란 결국 그 마음씀씀이가 중요한 법이야. 자네 색시는 정말 참한 마음씨를 갖고 있네."

친척 노인네의 당부가 아니었어도, 다소 마음이 풀려 있던 그였다. 그는 노인의 말대로 곰보이지만 참한 마음씨의 아내한테 잘해주리라 생각하였다.

언젠가 처갓집에 제사가 있어 부부는 함께 처가에 갔다. 그들이 대문을 들어서자마자 장모는 마당까지 뛰어나오며 반겨 맞았다. 늘 자기 딸이 어떻게 살고 있나 궁금하였기 때문이다.

제사가 끝나고 어머니가 딸에게 물었다.

"시댁엔 먹을 거나 좀 있더냐?"

딸이 대답하였다.

"저 같은 걸 데려가는 집에 뭣인들 제대로 있겠어요? 그냥저냥 근근이 살아가지요."

그래도 못생겼다고 남편이 구박하지 않고 잘 아껴준다는 딸의 말에 장모는 매우 안심하는 기색이었다.

그들이 처갓집을 떠날 때 장모는 장인을 졸라 말 한 마리와 소 한 마리, 그밖에 여러 가지 패물을 선물로 주게 하였다.

"이 말과 소를 잘 길러 새끼도 많이 치고 해서, 잘들 살아보게나."

장인은 사위의 등을 톡톡 치며 진심 어린 당부를 하였다.

김씨는 처갓집의 배려에 감사하면서 돌아가, 곰보색시를 더욱 사랑하며 밤낮으로 열심히 일을 하였다. 말과 소는 새끼에 새끼를 치며 금세 불어나, 부부는 누구 부럽지 않은 살림을 꾸려나갔다 한다.

무쇠철망

김씨와 조씨는 한동네에서 사이좋게 사는 이웃이었다.

김씨에게는 전처의 아들 형제와 후처의 아들 하나가 있었고, 조씨는 부인과 슬하에 딸 하나를 두고 있었다. 조씨의 딸은 평소 언행이 어쩐지 영기가 서린 듯하였다.

나이 들어 김씨가 죽을 때에 김씨는 전 재산을 후처의 아들에게만 물려주었다. 김씨는 전처를 몹시 미워하였기 때문이다.

그런 김씨의 소상 날이 되었다. 조씨가 조문을 가려 하자 딸이 말렸다.

"아버지, 굳이 상가에 가서 조문을 할 필요 없습니다. 그 영혼에게 해야지요."

그 영혼에게 조문을 해야 한다는 말이 그럴듯하기는 하였으나, 어떻게 영혼을 찾아갈 수 있단 말인가.

"김씨의 영혼이 있는 곳을 네가 안다는 말이냐?"

어쩐지 영기가 서린 듯하다고 여겨온 딸이기에 조씨는 진지하게 물었다. 딸이 즉시 대답하였다.

"제가 압니다. 저 서쪽으로 죽 가다보면 길가에 큰 반석이 하나 있는데, 거기서 조문하시면 됩니다."

조씨는 딸의 말대로 서쪽으로 죽 걸어갔다. 한참 걷다보니 과연 길가에 커다란 반석이 하나 놓여 있는 것이었다. 조씨는 그 반석 앞에 가져간 제물을 놓고 절을 올리며 조문을 하였다. 그러자 어디선가 큰 뱀이 조씨 앞에 나타나 혀를 날름날름하면서 꿈틀거리다가 사라져버렸다. 참으로 이상한 일이었다.

집에 돌아온 조씨는 딸에게 뱀이 나타난 일을 이야기하고 어찌 된 것이냐 물었다.

"그 뱀은 김씨의 영혼이 환생한 것입니다."

딸의 대답에 조씨는 놀랍기도 하고 신기하기도 하였다.

"왜 김씨가 뱀으로 환생하였느냐?"

"김씨 아저씨가 벌을 받은 것이에요. 왜냐하면 후처의 아들만 사랑하여 재산을 모조리 물려주었기 때문입니다."

그 말을 듣고 조씨는 친구의 일을 동정하면서 한편 자신의 앞날도 알고 싶었다.

"얘야, 그럼 나는 죽으면 어찌 될꼬?"

"아버지도 마찬가지예요."

딸은 아무 망설임 없이 딱 잘라 말하였다. 조씨는 실망이 이만저만이 아니었다.

"얘야, 혹시 그 벌을 면할 도리는 없겠느냐?"

아버지의 물음에 딸은 입가에 슬며시 미소를 띠었다.

"면할 도리가 있어요."

"있다고? 그게 무엇이냐? 당장 알려다오!"

"아버지 재산을 모두 가난한 사람들에게 나누어주어야 합니다."

"전 재산을?"

"예, 재산 모두…… 남김없이."

아무리 재산이 많다 해도 죽어서 뱀으로나 환생한다면 다 부질없는 노릇이었다. 그래서 조씨는 딸이 일러준 대로 동네의 가난뱅이들에게 재산을 나누어주기 시작하였다. 조씨 부부가 함께 아낌없이 재물을 나누어주다 보니 채 3년이 못 되어 가산이 모두 거덜 났다.

조씨가 딸에게 말하였다.

"애야, 우리는 이제 아무것도 없게 되었다. 완전히 빈털터리다."

"그럼 이제 때가 되었습니다. 아버지, 어머니, 저를 따라오세요."

딸은 부모의 앞장을 서서 깊은 산중으로 들어갔다. 산중 어느 곳에 깨끗한 연못이 하나 있었다.

"이 못에서 목욕을 하십시오."

부부는 딸이 시키는 대로 그 연못에서 목욕을 하였다. 목욕을 하는 동안 딸은 동쪽 하늘을 향하여 연신 절을 하였다.

이윽고 하늘에서 무엇인가 스륵스륵 내려오기 시작하였다. 땅에 닿은 걸 보니 무쇠로 된 철망이었다. 올라타면 곧장 하늘로 올라갈 수 있는 철망이었다.

딸은 어머니에게 그 철망에 타도록 하고는 자기도 뒤따라 올라탔다.

"애야, 나도 같이 타자꾸나!"

조씨가 부인과 딸의 뒤를 이어 철망에 타려는 순간 철망은 스륵스륵 하늘 위로 올라가기 시작하였다. 잠시 후 철망은 조씨만 버려둔 채 하늘 저 깊은 곳으로 사라져버렸다.

"아이구, 애야! 여보!"

혼자 남은 조씨는 어찌할 바를 몰라 땅에 누워 뒹굴며 대

성통곡을 하였다. 이리저리 뒹굴며 통곡하는 바람에 상투는 풀어지고 거기에 꽂았던 은동곳도 떨어져 나갔다. 그 은동곳이 조씨에게 남은 마지막 재산이었던 것이다.

그야말로 이제 조씨에겐 재산이라곤 그 어떤 것도 없게 되었다. 조씨는 좀 전에 딸이 하던 것처럼 동쪽 하늘을 향하여 연신 절을 하기 시작하였다.

"얘야, 이젠 정말 아무것도 없으니 철망을 내려다오."

수없이 절을 하며 조씨는 딸에게 애원하였다.

"제발 이 애비에게도 철망을 내려다오, 얘야!"

그렇게 한참이 지나자, 하늘에서 무엇인가 스륵스륵 내려오는 것이었다. 바로 아까와 똑같은 무쇠철망이었다.

녹일국 정명수를 찾아서

옛날 어떤 마을에 한 과부가 살고 있었다. 과부는 두 아들이 있었는데, 큰아들은 장가를 가 딴살림을 차렸으므로 작은아들과 함께 지내었다.

그러던 어느 날 이 과부가 갑자기 병이 들어 자리에 눕게 되었다. 어머니의 병환이 차도를 보이지 않자 동생은 병구완을 의논하고자 형을 찾아갔다.

"그래서 어쩐단 말이냐?"

의외로 형은 어머니 병에 무심하였다. 죽어도 할 수 없지 않느냐는 태도였다.

답답해진 동생은 하는 수 없이 점쟁이를 찾아가 점을 쳐 보았다. 점쟁이는 나온 점괘대로 비방을 알려주었다.

　"어머니 병은 녹일국에 가서 정명수를 사다 먹이면 나을 것이다."

　동생은 녹일국이라는 지명은 처음 듣는 터라 점쟁이에게 물었다.

　"녹일국은 어디 있는 곳입니까?"

　"나도 모른다."

　"모르실 리가 있습니까? 어디로 가야 하나요?"

　"그건 말해줄 수 없는 것이다."

　"그러면 어떻게 찾아가란 말씀인가요?"

　"찾을 수 있을 거다. 정성만 있다면."

　동생은 그저 막연하기만 하였다. 어디 있는지 알지도 못하는 고장을 어찌 찾아간단 말인가. 그래서 동생은 다시 형한테 가서 녹일국에 같이 가보자고 요청하였다.

　"이 어리석은 놈아, 녹일국이 어디 있는지도 모르는데 같이 가자는 말이냐?"

　형은 도리어 화를 내었다. 동생은 어이가 없었다.

　"그럼 형님은 못 가신다는 말씀입니까?"

　"못 간다."

　"어머니가 돌아가신대도 상관없어요?"

"어쨌든 내 목숨을 걸고 약 구하러 가긴 싫다는 말이다."

이쯤 되면 아무리 설득해보아야 소용없는 일이었다. 동생은 단념하기로 하였다.

동생은 동네의 어르신들을 빠짐없이 찾아다니며 녹일국이라는 곳이 어디에 있는지 물어보았다. 대개는 알지 못하였으나, 다행스럽게도 가장 나이가 많은 노인이 희미한 기억을 되살려주었다.

"내 들기로는 석 달 열흘을 꼬박 배를 타고 가야 하는 머나먼 곳이라고 하더군."

어떤 일이 있더라도 어머니를 살려야겠다는 일념으로 동생은 그 머나먼 고장을 찾아가기로 결심하였다.

동생에게는 그간 푼푼이 모아 둔 돈이 좀 있었다. 그 돈으로 배 한 척을 빌려서 무작정 망망대해로 나아갔다.

항해한 지 얼마 되지도 않았을 때, 동생은 엄청난 괴물을 만나게 되었다. 물고기처럼 생긴 괴물이 커다랗게 입을 벌리고 배를 집어삼킬 듯이 덤벼드는 것이었다. 그는 몹시 당황하였으나, 가까스로 마음을 진정시키고 일단 배를 멈추었다. 그러고는 눈을 감고 기도를 올렸다.

"돋아오는 일광보살이시여, 져가는 서광보살이시여, 하늘의 옥황상제시여, 용왕할머님이시여, 부디 안돈하시와 저를 보살펴주옵소서! 어머니 병환이 극심하여 녹일국으로 약을 구하러 가는 길이옵니다. 약을 구하여 어머니한테 드릴 때까지만 두루 보살펴주십시오!"

동생은 간절한 기도를 올린 후 조심스레 눈을 떴다. 과연 괴물이 보이지 않았다. 그뿐 아니라 때마침 불어오는 순풍을 받아 배는 경쾌하게 바다 위를 미끄러져 가기 시작하였다. 동생의 기도는 효험이 있었던 것이다.

그 후의 항해는 순조로웠다. 석 달 열흘이 아니라 불과 한 달여 만에 동생은 녹일국이라는 곳에 도착하였다. 녹일국에 내리자, 정명수를 파는 약방도 쉽게 찾을 수 있었다. 녹일국은 오직 정명수만을 팔아서 살아가는 고장이었던 까닭이다.

여러 약방 중에 가장 눈에 띄는 약방을 찾아가자, 주인은 마치 기다리고나 있었다는 듯 금세 약을 지어주었다. 주인은 약을 주면서 동생에게 당부하였다.

"이 약을 가지고 돌아가되, 어머님이 이미 돌아가셨으면 세 첩만 먹이고 아직 살아 계시다면 여섯 첩을 모두 먹여야 합니다."

동생은 몇 번이고 감사의 말을 올린 후 즉시 고향으로 돌아가는 배를 띄웠다. 돌아오는 길은 갈 때보다 더 빨라서 한 달도 채 걸리지 않았다.

저 멀리 고향 땅이 보이기 시작하였다. 그런데 웬 배 한 척이 동생의 배를 향하여 달려오는 게 아닌가. 자세히 보니 갑판 위에는 형이 타고 있었다. 두 척의 배는 서로 마주쳐 멈추었다. 형이 갑판 위에서 소리를 질렀다.

"약을 내게 달라."

약을 달라니? 같이 약을 사러 가자는 제의는 단호히 거부한 형이 아닌가. 동생은 전날의 생각이 나서 형에게 물었다.

"왜 약을 달라 하십니까?"

"우리 형제가 함께 녹일국에 가서 약을 구해 왔다고 해야 동네에서도 평판이 좋을 것 아냐? 어머니가 기뻐하실 것은 물론이고."

마음 착한 동생이라 형이 스스로 지난 잘못을 깨달은 줄로 알고 흔쾌히 약을 내주었다. 그러나 형은 약을 받자마자 갑자기 동생에게 달려들어 양쪽 눈을 후벼 파버렸다. 그러고는 시퍼런 도끼로 배의 밑창도 뚫어버린 후 훌쩍 떠나버리는 것이었다.

후벼 파인 눈 때문에 고통스러워 신음하는 동생과 함께 배는 조금씩 가라앉기 시작하였다. 얼마 지나지 않아 동생의 배는 완전히 물속으로 침몰하고 말았다.

형은 의젓하게 어머니를 찾아갔다.

"어머니, 저희들 형제가 녹일국에 가서 정명수를 구해 왔습니다."

"아이고, 다 늙은 어미 때문에 고생만 많구나. 그런데 네 동생은 어디 있느냐?"

"저보다 좀 뒤떨어졌습니다. 이제 곧 올 거예요."

형은 그럴듯하게 어머니를 속여 넘겼다.

한편 동생은 배에서 떨어져 나온 판자 하나를 의지한 채 정처 없이 표류하고 있었다. 며칠 동안이나 표류하였는지 알 수도 없었다. 기진맥진한 동생은 거의 의식을 잃어가고 있었다. 바로 그 순간 판잣조각이 무엇엔가 부딪히는 느낌이 들었다. 눈이 보이지 않는 동생은 조심스레 주위를 더듬어보았다. 모래·자갈 같은 것이 감촉되었다. 육지임이 틀림없었다.

동생은 뭍으로 기어 올라갔다. 이것저것 더듬으며 손의 감촉만으로 나아가던 그의 귀에 대나무가 바람에 스치는 소리가 들렸다. 순간 동생은 한 생각이 떠올라 대나무가 있음 직한 쪽을 더듬어갔다. 대나무 한 그루를 붙잡은 그는 어떻게든 이걸 다듬어서 통소 비슷한 걸 만들기로 하였다. 그래야 소리를 내어 사람들을 불러 모을 수 있기 때문이었다.

오랜 시간을 들여 대나무를 이리저리 손질한 동생은 그걸 통소처럼 불어대었다. 애절한 통소 소리를 들은 많은 사람들이 동생이 있는 곳으로 몰려들었다.

"앞도 보지 못하는 양반이 통소 소리 하난 기막히게 내는 구먼."

사람들은 이렇게 감탄하는가 하면,

"어디서 온 판수요?"

라고 묻기도 하였다.

동생은 모여 선 사람들에게 지금까지의 이야기를 들려주었다.

"아, 저런! 저런!"

사람들은 혀를 끌끌 차며 동생을 불쌍하게 여겼다. 그들은 앞 못 보는 그를 그냥 둘 수 없으니 자기네가 보살피기로 하고 식사며 잠자리를 마련하여주었다.

동생은 그곳 사람들의 따뜻한 배려로 하루하루 지친 심신을 회복하여갔다. 그는 그 보답으로 틈만 나면 사람들에게 퉁소를 불어주었다. 사람들은 그의 아름답고 애잔한 퉁소 소리를 들으며 때로 기뻐하고 때로 눈물을 흘렸다.

그러던 어느 날이었다. 그날도 사람들은 한데 모여 그의 퉁소를 듣고 있었다. 그때 어디선가 '구구구구' 비둘기 울음 소리가 들려왔다. 동생은 퉁소 불기를 멈추었다.

"저 비둘기 울음이 귀에 익은 소리입니다. 분명히 제 고향에서 온 비둘기 같습니다. 부탁이오니 저 비둘기 좀 찾아보아주시겠습니까?"

그의 말을 들은 한 사람이 나가서 그 비둘기를 잡아왔다.

비둘기의 다리에는 조그만 편지함이 매달려 있었다. 누군가 편지를 보낸 게 틀림없었다. 그 사람이 편지함에서 꺼낸 종이를 손에 쥐여주었으나 동생은 그저 탄식할 뿐이었다.

"내가 무슨 죄를 지었기에, 어머니의 편지도 못 읽는단 말인가!"

동생은 슬픔을 참지 못해 두 주먹으로 자기 눈을 마구 쳤다. 그런데 이상한 일이었다. 주먹으로 마구 치다보니 그의 눈이 다시 환히 밝아지는 게 아닌가. 눈이 보인다고 하자, 사람들이 놀라 환호성을 질렀다.

"이자는 하늘이 보낸 사람이 분명하다!"

비둘기는 여전히 구구구구 울고 있었다. 죽었느냐 살았느냐 애타게 찾고 있는 어머니 글을 읽은 아들은 급히 답장을 써서 비둘기의 다리에다 매달아주었다. 언제쯤이면 돌아갈 수 있으리라는 내용의 편지였다. 비둘기는 하늘로 훨훨 날아갔다.

이 무렵 이곳 왕실에서 퉁소를 잘 부는 그에 관한 소문을 듣고 궁으로 청하였다. 사람들의 마음을 사로잡는다는 퉁소 소리를 듣고 싶다는 것이다. 그는 궁으로 가서 퉁소를 불었다. 그의 퉁소 소리는 특히 공주를 매혹시켰다. 퉁소 소리에 흠뻑 반한 공주는 이 사람 아니면 안 되겠다 하고 부왕에게 그와 결혼하게 해달라고 졸랐다. 외동딸인 공주가 하도 안달하니 부왕도 소원을 들어줄 수밖에 없었다. 좋은 날을 잡아 동생은 공주와 화려한 결혼식을 올리고 임금의 사위가 되었다. 멀었던 눈도 뜨고 부마(駙馬)도 되었으니, 간악한 형 때문에 당한 재난이 오히려 복으로 바뀐 셈이었다.

그 얼마 후, 비둘기 다리에 걸어 어머니한테 보낸 편지에 쓴 귀향 날짜가 다가왔다. 그는 아내인 공주와 시종들, 수많은 보물을 실은 배를 띄우고 고향으로 향하였다.

한편, 녹일국 정명수를 복용한 후로 어머니의 병은 말끔히 나았다. 하지만 돌아오지 않는 작은아들 생각 때문에 시름이 그치지 않았다. 그러던 어느 날 비둘기 한 마리가 아들의 소식을 전해온 것이다. 어머니는 마음이 놓였다. 이제는 자나깨나 작은아들이 돌아올 날만 기다릴 따름이었다.

맏아들인 형은 갑자기 명랑해진 어머니가 이상스럽게 여겨졌다. 그래서 하루는 어머니가 없는 틈을 타서 반짇고리를 뒤져보니, 뜻밖에도 동생의 편지가 나오는 게 아닌가.

'이놈이 살아 있다는 말인가?'

형으로서는 나쁜 소식이었다. 어떻게든 동생을 아주 없애 버려야겠다는 생각에 골몰하였다.

동생이 도착한다는 날이었다.

형은 마을의 사나운 싸움꾼들을 데리고 배를 띄웠다. 동생이 도착하기 전에 처리하자는 심산에서였다.

이윽고 동생이 타고 오는 배가 보이기 시작하였다. 두 척의 배는 점점 가까워졌다. 동생은 형이 그 배에 타고 있음을 보았다. 착한 동생인지라 그래도 분노보다는 기쁨이 앞섰다.

"형님, 저 왔습니다!"

두 배가 서로 맞부딪치자, 형의 배에서는 싸움꾼들이 우르르 동생 배로 뛰어들며 습격하였다. 동생 배에 탄 시종들도 사나운 장정들에 맞서 큰 싸움이 일어났다. 그러나 이런 사태를 전혀 예상하지 못했던 동생 배로서는 중과부적이어서 곤경에 빠졌다. 여럿의 목숨이 경각에 달린 위기의 순간이었다.

바로 이때, 하늘 어디선가 수많은 비둘기 떼가 한꺼번에 날아왔다. 비둘기들은 구구구구 요란하게 울면서 몸에 잔뜩 묻히고 온 모래를 장정들에게 뿌려대었다. 장정들은 모래가 눈알에 박히어 눈을 뜰 수가 없었다. 이때를 놓치지 않고 동생 배의 시종들은 장정들을 마구 무찔렀다. 앞 못 보는 장님과 싸움하는 격이었으니 승패는 곧 결정 났다. 동생 편은 상대방을 모두 죽이거나 물에 빠뜨려 완전히 소탕하였다. 이 와중에 형마저 싸움꾼들과 운명을 같이하게 되었다. 동생은 형을 그렇게 잃어버린 것을 몹시 슬퍼하였다.

그의 배가 고향 땅에 닿자 온 마을 사람들이 환영을 나왔다. 그는 참으로 오랜만에 어머니와 눈물의 상봉을 하였다.

어린 신랑과 복주머니

어느 마을에 노부부가 살고 있었다. 가산은 부유한 편이었지만 늦게 얻은 아들이 이제 겨우 다섯 살이었다. 하루하루 늙어감에 따라 노부부는 어서 며느리를 봐야 하겠다는 생각이 간절하였다.

아들이 여섯 살이 되자마자 노부부는 스무 살 되는 참한 처녀를 구하여 장가를 들였다. 새살림을 내주며 노부부는 며느리에게 당부하였다.

"너는 알 만한 나이이니 괜찮지만, 어린 네 신랑이 아무래도 걱정이구나. 하지만 사람은 곧 크는 법이니 좀 고생되더라도 참고 살아라."

늙은 시부모의 당부내로 신부는 어린 신랑을 돌보며 알뜰히 살림을 꾸려나갔다.

그런데 이웃 동네의 한 불량한 사내가 이 새색시에게 눈독을 들이기 시작하였다. 신랑이라는 게 고작 여섯 살이니 더욱 마음이 동한 것이다.

어느 날 마침 어린 신랑이 어디론가 놀러나가 집을 비우고 신부 혼자 남아 있게 되었다. 호시탐탐 기회만 엿보던 불량배는 절호의 기회라고 여겨 새색시에게 달려들었다. 신부는 죽을힘을 다하여 반항하였으나 사내의 힘을 당할 수는 없었다.

바로 이런 판에 놀러 갔던 어린 신랑이 집으로 돌아온 것이다. 신랑은 이게 무슨 일인지 선뜻 파악할 수 없었다. 신랑은 색시를 깔고 뭉개는 듯한 사내의 옷자락을 부여잡으며 외쳤다.

"아저씨는 누군데 우리 신부하고 막 싸워?"

그제야 사내는 씨익 웃으며 유유히 사라져갔다.

"뭘 훔치러 온 나쁜 사람인 것 같아서 발악을 하였지만, 힘에 눌렸어요. 제발 이 일은 아무한테도 입 밖에 내지 말아주세요."

신부는 어린 신랑을 붙들고 눈물을 흘리며 호소하였다.

"그럼 예쁜 복주머니 하나만 만들어줘. 그럼 입 다물고 있을게."

나이 많은 신부의 보살핌을 받던 어린 신랑은 모처럼 좋은 기회나 얻은 듯이 호기롭게 요청하였다.

"복주머니뿐인가요? 예쁜 옷도, 고운 댕기도 다 만들어드릴 테니 입만 다물고 있어줘요."

신부는 당장 그날부터 복주머니를 만들기 시작하였다. 그런데 마침 좋은 천을 구하기도 어려운 때였고, 어렵사리 천을 구해 또 그걸 염색을 한다 마름질을 한다 하며 하루이틀 늦어졌다. 기다리다 못한 어린 신랑은 화가 나서 이르지 말라는 신부의 부탁을 어기고 말았다.

"내 신부가 웬 사내놈하고 마구 싸웠어."

어린 아들의 고자질을 들은 늙은 아버지는 대경실색하였다. 그게 무슨 뜻인지 알아차린 것이었다.

"뭐, 뭐라고? 그게 언제냐? 이놈아, 그게 언제야? 응?"

"그건 잘 몰라요."

아들은 어리석을 만큼 태연하였다.

아버지는 속이 타들어갔다. 며느리를 방에 불러들였다.

"어찌 된 일이냐?"

며느리인들 어찌 자세한 설명을 할 수 있을 것인가. 그저 우물쭈물 제대로 대답도 못 한 채 고개만 숙이고 있을 따름이었다. 시아버지는 분노가 폭발하였다.

"넌 내 며느리가 아니다! 당장 이 집을 나가라!"

시아버지의 호통에 며느리는 어쩔 수도 없었다. 나가라면 나가야 하는 것이다. 며느리는 주섬주섬 옷가지 등을 챙기며 떠날 준비를 하기 시작하였다. 그러면서도 복주머니 만드는 일만은 계속하여 다 만들어내었다. 알록달록한 수가 놓인 예쁜 복주머니를 받아 든 신랑은 좋아라 날뛰었다.

"정말 예쁜 주머니야!"

이 말에 신부는 목이 메었다.

"아버님께 아무 말 하지 않았더라면 이것 말고도 예쁜 저고리랑 댕기랑 만들어 드렸을 것을……. 전 이제 떠나지만 그 복주머니 보면서 제 생각이나 해주세요."

어린 신랑은 신부의 눈물 어린 작별인사에 펄쩍 뛰었다.

"누가 나가라고 했어? 넌 내 신부잖아."

"아버님이 그러시는 데야 할 수 없잖아요?"

"신부가 아버지하고 사나? 너는 신부, 나는 신랑. 신부는 신랑하고 같이 사는 거야."

비록 어린 아들이었지만 신랑으로서 신부를 지켜야 하는 노릇만은 잘 알고 있는 것이었다.

아들은 색시가 만들어준 복주머니를 허리에 차고 아버지를 찾아갔다.

"이것 봐! 예쁜 주머니!"

늙은 아버지는 그 복주머니가 며느리의 솜씨임을 알고 있었다.

"못난 녀석! 당장 내버리지 못할 테냐?"

"왜 버려요? 곱기만 한데."

다시금 화가 치민 아버지는 말이 안 통하는 아들을 놓아 둔 채 며느리에게 달려갔다.

"네 남편을 아주 코흘리개로 취급하는구나! 어서 나가지 못하겠느냐!"

늙은 아버지가 제 색시 등을 떠밀며 쫓아내려는 걸 아들이 가로막고 나섰다.

"안 돼! 나가지 마아."

"어이구, 이 어리석은 놈아!"

늙은 아버지는 그런 아들한테 차마 넌 네 마누라가 딴 사내하고 놀아나도 태평하단 말이냐, 하고 다그칠 수가 없었다. 말해봐야 소용없는 일임을 알기 때문이었다.

"내 색시는 착한 여자예요. 복주머니도 잘 만들고. 이젠 예쁜 저고리에 고운 댕기도 다 만들어준댔어."

어린 아들의 당당한 변호에 늙은 아버지는 더 할 말이 없었다.

'그래, 이것도 며느리의 복이라면 복이요, 지혜라면 지혜 겠지.'

인생을 오래 살아온 노인답게 그렇게 여기고 시아버지는 그쯤에서 분을 풀었다.

이런 일이 있은 후 며느리는 집안일을 성심껏 꾸려나가 살림이 전보다 피어났고, 어린 아들도 성장하며 글공부에 열중하여 마침내 훌륭한 선비가 되었다고 한다.

정승댁 외동딸

김 정승(政丞)에겐 아들이 없었다. 그저 외동딸뿐이었지만 김 정승은 이 딸자식에게도 교육은 시켰다.

"아들이 있다면 또 몰라도 그저 딸자식 하나 있는 걸……
명색 정승인 내가 공부를 시키지 않아서야 되겠느냐?"

정승은 딸자식을 서당에도 보내고 향교(鄕校)에도 보내면서 남자아이들과 한데 붙여 글을 읽도록 하였다. 정승댁 외동딸은 영특하기가 그만이어서 남자들과의 글공부에도 전혀 어려움 없이 잘 적응하였다.

어느 날 외동딸은 아버지에게 말하였다.

"오늘은 빨래를 하러 갈까 합니다. 제가 입는 옷 제가 한 번 빨아보겠습니다."

시녀들이나 하는 빨래를 정승댁 외동딸이 손수 해보겠다는 말에 아버지는 감격하였다.

"오, 너도 철이 드니 빨래를 직접 할 생각도 하는구나. 그럼 멀리 가지 말고 가까운 냇가에서 좀 하다 오너라."

정승은 쾌히 승낙하였다.

'하긴 너도 여자라 곧 출가외인이 될 터이니, 빨래질도 배우긴 배워야겠지.'

정승은 빨랫감을 옆구리에 끼고 대문을 빠져나가는 딸의 뒷모습을 보며 생각하였다.

정승댁 외동딸은 냇가에서 한창 빨래를 하였다. 빨래를 하다보니 이마에 땀이 송글거리고 마음도 제법 개운해지는 것이 느낌이 좋았다. 해는 기울어가고 가져온 빨래는 거의 다 했으므로 외동딸이 이젠 집에 가야겠다고 마음먹을 즈음이었다.

때마침 그 마을 산속 절에서 지내는 한 젊은 중이 마을로 내려오고 있었다. 속세를 떠나 각시가 무언지 삶이 무언지는 잘 몰라도 그 음양법만은 여태 간직하고 있었음인지 빨래터의 처녀를 보자 젊은 중은 숨이 턱 막히는 것 같았다.

'아, 정말 고운 처자로구나!'

사람이 중노릇도 하며 사는 건데 왜 중은 저런 여자와 가정을 이루고 살 수 없는 것인가, 하며 젊은 중은 탄식하였다. 다시 처녀의 얼굴 한번 쳐다보니 돋아오는 해 같고, 또 쳐다보니 하늘 가운데 뜬 달 같았다. 물밑의 옥돌 같고, 제비의 부리 같고, 까치의 흰 가슴 같고…… 어쩌고 하며 제멋대로 비유에 취하다가는 마침내는,

'에잇, 저 처자를 한번 확!'

일단 건드려나보자 마음먹는 것이었다.

젊은 중은 으험, 기침 한번 크게 하고 나서 처녀에게 말을 걸었다.

"일(一)석이냐, 이(二)석이냐, 삼(三)거리 지나, 사(四)거리에서 만났구나! 오(五)행 육(六)갑 짚어보니, 칠(七)서를 매었구나. 팔(八)자도 허막하다, 구(九)부려라, 십(十)이나 하게."

절간에서 하는 일이 한자 경문이나 읽던 것이라 구구절절이 자연스러웠다.

처녀가 누구인가. 이른바 정승댁 외동딸이다. 젊은 중을 흘낏 쳐다보더니 이내 콧방귀를 뀌며 중의 말 그대로 따라 화답하였다.

"일(一)거리, 이(二) 중놈아! 삼(三)거리고, 사(四)거리고, 오(五)만한 말 하지 말라. 육(六)환장 짚고서, 칠(七)보관 높이 쓴

놈이, 팔(八)자에도 없이, 구(九)하는 게 늬 에미 십(十)이냐?"

기지 넘치는 처녀의 대응에 젊은 중은 가슴이 탁 막혔다. 한번 건드려나보자 하다가, 씻을 수 없는 망신을 당하고 만 것이다.

그 길로 다시 산속으로 들어간 젊은 중은 그 후 꼼짝하지 않고 오로지 도 닦기에만 힘쓰다가 곱게 늙어 죽어갔다고 한다.

영리한 굴묵하니

옛날 한 과부가 외아들을 데리고 가난한 살림을 꾸려가고 있었다.

아들이 나이가 차자 결혼을 시켜줘야 하였다. 과부는 이 곳저곳에 중매를 놓았으나 번번이 퇴짜를 맞았다. 돈 없는 홀어미 자식이라 아무도 거들떠보지 않는 것이었다. 과부의 근심은 깊어만 갔다.

과부가 걱정하는 모양을 보다 못한 아들이 어느 날 이렇게 말하였다.

"어머니, 명주 두루마기 한 벌만 지어주세요."

"명주 두루마기라니?"

어머니는 놀라서 되물었다.

"그렇게 해주시면, 제 힘으로 색시를 구해보겠습니다."

"명주 두루마기로 색시를 구한다고?"

어머니는 어이없다는 표정을 지었다.

"어리석은 소리 그만 해라."

그런데 아들은 막무가내로 고집을 피우는 것이다.

"제가 스스로 색시를 구한다니까요!"

옷 한 벌로 어찌 색시를 구할 수 있느냐고 달래기도 여러 번이었으나 끝내 아들은 뜻을 굽히지 않았다.

과부는 더 이상 어쩔 수도 없어서 네 마음대로 해보라고 명주 두루마기를 지어주었다.

아들은 그 길로 집을 나왔다. 명주 두루마기는 소중하게 보자기에 싸 들고 겉으로는 남루한 옷을 입은 채 여기저기 떠돌아다녔다.

어느 날 저녁 무렵 아들의 정처 없는 발걸음이 한 주막에 이르렀다. 척 보아하니 음기(陰氣)가 센 것이 딸이 여럿 있음 직한 집이었다.

그는 주인을 찾아갈 곳 없는 딱한 신세이니 하다못해 아궁이 지피는 일이라도 시켜달라고 사정하였다. 주인은 그의 처지에 동정도 가고, 마침 주막집 허드렛일 할 사람도 하나쯤 필요하다고 생각하던 터여서 아궁이 지피는 일을 맡겼다.

아들은 그때부터 굴묵하니(아궁이지기)로 불리었다.

이 집에는 딸 세 자매가 있었다. 하루는 큰딸이 방에 앉아 빗질을 하는데 굴묵하니가 얼굴을 들이밀었다.

"아가씨, 빗 좀 빌려주십시오. 하도 오랫동안 빗질을 못 해서요."

큰딸은 흥, 하고 콧방귀만 뀌었다. 지저분한 굴묵하니 주제에 빗질은 무슨 가당찮은 짓이냐는 태도였다.

둘째딸을 찾아 같은 부탁을 하였는데 역시 마찬가지였다. 네깟 놈이 빗질은 다 무어냐는 듯이 말도 없이 문을 쾅 닫아버렸다.

그는 포기하지 않고 셋째딸을 찾아갔다. 그런데 의외로 셋째딸은 순순히 빗을 내주는 것이었다. 아들은 아무도 몰래 의미심장한 미소를 지었다.

그날은 마침 주막집 온 식구가 소풍을 나가는 날이었다. 집에 혼자 남게 되자 굴묵하니는 헌 옷을 벗어버리고 소중하게 간직해온 명주 두루마기로 갈아입었다. 옷이 날개라더니 과연 그의 모습은 귀한 집 도련님 같았다.

그는 주인네 식구가 들놀이 하는 곳으로 가, 주변을 일없이 빙빙 돌아다니며 멋진 차림새를 과시하였다. 물론 그 식구들한테는 제대로 눈길 한번 주지 않았다.

굴묵하니는 주인네가 돌아오기 전에 먼저 집으로 와 전대로의 허름한 옷을 입고 시치미를 뗐다. 딴 식구들은 아무런 눈치도 채지 못하였으나 작은딸만은 고개를 갸웃거렸다. 들놀이할 때 근처에서 산책하던 귀공자가 아무래도 굴묵하니 같아 보였기 때문이다. 하지만 아직은 아무런 내색도 할 수 없는 처지였다.

하루는 이웃 동네 사는 친척집에 혼사가 있어 또 온 식구가 집을 비우게 되었다. 굴묵하니는 이번엔 주인집 백마를 끌어내어 꼼꼼히 먹물 칠을 하고 흑마로 만들었다. 그러고는 명주 두루마기로 갈아입고 몸을 단장하였다.

얼마 후, 잔치가 벌어지고 있는 집에서는 못 보던 훌륭한 차림새의 양반이 하객으로 왔다고 법석이었다. 명주 두루마기로 잘 차려입은 청수한 몸매에 번지르르한 흑마를 탄 굴묵하니의 모습은 누가 봐도 지체 높은 양반다웠다.

잔칫집 일을 돕던 주인집 딸들은 제가 손님상을 가져간다고 서로 다투었다. 그가 차마 자기 집 굴묵하니라는 사실은 아무도 눈치 챌 수 없었던 것이다.

일이 되느라 그랬는지, 어찌어찌 작은딸이 이 귀공자를 접대하게 되었다. 두 언니들은 화가 나서 부글대었다. 하지만 손님은 상을 받자마자 이내 잔칫집을 떠나갔다. 그럴 수밖에 없는 것이 빨리 집에 가서 두루마기를 벗고 말에서 먹물을 말끔히 빼어 백마로 다시 만들어놓아야 하기 때문이었다.

굴묵하니가 떠나간 후 한동안 주인집 딸들은 잔칫집에서 보았던 귀공자를 화제로 삼아 이야기 나누기에 여념이 없었다.

며칠 후 굴묵하니가 작은딸에게 빗을 빌리러 갔을 때였다. 작은딸은 전에 없이 다정하게 굴묵하니를 대해주었다. 그러면서 굴묵하니의 몸을 요모조모 자세히 살피는 기색이었다. 그러나 그는 아직 아무것도 모르는 체하였다.

그날 저녁 작은딸은 작심하고 부모에게 말씀을 올리었다.

"지난번 잔칫집에 왔던 그 수려한 귀공자는 아마도 우리 집 굴묵하니인 것 같아요."

부모는 그런 바보 같은 소리 말라며 웃어넘길 뿐이었다.

다음 날 굴묵하니가 다시 빗을 빌리러 작은딸 방 앞으로 갔다. 작은딸은 그를 아예 자기 방으로 불러들였다.

"저, 한 가지 물어볼 게 있어요. 며칠 전 잔칫집에 다녀오신 적 있죠? 까만 말을 타고서……."

작은딸은 부끄러운 듯 물었지만 또랑또랑한 음성이었다.

그는 당장 부인하였다.

"아뇨. 전혀 그런 일 없습니다. 잘못 보셨겠지요."

그러나 이미 심증을 굳힌 작은딸의 추궁은 집요하였다.

"전에 들놀이 갔을 때부터 이상하게 여기고 있었어요. 맞지요?"

굴묵하니는 속으로 이제야말로 자기의 계교가 열매를 맺는구나 싶었다. 작은딸의 이어지는 추궁에 못 이기는 척 굴묵하니는 마침내 모든 사실을 수긍하였다.

작은딸은 굴묵하니에게 한 가지 부탁을 들어주겠느냐고 물었다.

"저, 그때의 모습 그대로 다시 차리고 제 방에 오시지 않겠어요?"

"그리 바라신다면, 그러겠습니다."

"그때의 수려한 귀공자 모습으로 제 방에 오신다면, 이 빗을 아주 드리겠어요."

이 말을 할 때 작은딸의 얼굴은 홍조를 띠었다. 빗을 드린다는 건 정표(情表)를 드러내는 일이었기 때문이다.

굴묵하니는 웃음으로 대답하였다.

"아버님께 이르지 않겠다면."

"이르지 않겠어요."

"약속할 수 있소?"

"약속하겠어요."

이튿날 밤, 굴묵하니는 어머니가 정성 들여 지은 명주 두루마기로 몸을 단장하고 그녀의 방문을 두드렸다.

그 후 적당한 날에 작은딸은 굴묵하니를 부모한테 정식으로 선보였다. 부모는 귀공자처럼 잘 차린 그의 수려함에 놀랐다. 지체 높은 양반의 후손임이 틀림없다고 생각하였다. 작은딸이 굴묵하니에게 시집가겠다고 하였을 때에도 부모는 반대하지 않았다. 좋은 날을 골라 혼인 날짜를 정하고 두 사람은 주위의 축복 속에 화려한 식을 올려 정식으로 부부가 되었다.

그리하여 굴묵하니는 명주 두루마기 한 벌로 스스로 색시를 얻어 데리고 어머니한테 돌아왔다고 한다.

황지네를 물리친 거지

어느 과부에게 딸이 하나 있었다. 이 딸이 과년하도록 짝을 찾지 못하자 과부는 근심이 깊었다. 사실 아비도 없고 돈도 없는 집안의 과년한 딸을 누가 선뜻 데려갈 리도 없는 일이었다.

그런데 과부는 언제부터인지 모르게 밤이면 밤마다 웬 사내가 딸의 방에 드나드는 걸 알게 되었다. 정체를 알 수 없는 이상한 사내가 딸의 방에 들어간 뒤 조금 있으면 자지러지는 듯 딸의 비명이 들려오는 것이었다. 과부는 대체 이 노릇을 어찌해야 좋을지 몰라 그냥 두 손으로 귀를 막는 시늉을 해볼 뿐이었다. 딱하게도 딸은 하루가 다르게 수척해져갔다.

어느 날, 이 마을 저 마을 동냥을 다니던 거지가 과부의 집 헛간에서 하룻밤 묵게 되었다. 헛간은 하필 딸의 방 가까운 데 있었다.

한밤중 거지가 거적을 덮고 누워 있는데, 어디선가 인기척이 나는 것이었다. 거지는 이상해서 상체를 일으키고 주위를 살펴보았다. 저쪽에서 한 사내가 이 집을 향해 걸어오고 있었다. 몸가짐이 번듯한 것이 도둑은 아닌 것 같았다.

'괴이하다, 이 밤중에.'

거지는 가만히 그의 동정을 살폈다.

딸의 방에는 자물쇠가 채워져 있었다. 방 앞에 이른 사내는 자물쇠를 보면서 명령하였다.

"열려라!"

사내가 한마디 하자 자물쇠는 소리도 없이 열리었다. 사내는 거침없이 방 안으로 들어갔다. 이윽고 곧 죽을 것 같은 딸의 비명이 들려왔다. 비명은 거지의 고막을 웅웅 울릴 정도였다. 잠시 후 사내는 방을 나왔다.

"닫혀라!"

사내의 명령에 자물쇠는 다시 소리도 없이 잠기었다.

거지는 꿈이 아닌가 하여 자기 팔을 꼬집어도 보았다. 그러나 분명히 꿈은 아니었다. 뜬 눈으로 똑똑히 본 현실이었던 것이다. 하도 이상한 일이어서, 거지는 거적을 밀치고 일어나 딸의 방에 채워져 있는 자물쇠를 똑 건드려보았다.

"왜 건드리시오?"

자물쇠가 말을 하는 게 아닌가. 거지는 놀라 자빠질 뻔하였다.

"말도 하는 자물쇠로구나!"

"그렇소."

자물쇠가 말을 할 줄 안다면 그 사내의 정체나 물어보자고 거지는 생각하였다.

"그런데 아까 그 녀석은 누구냐?"

자물쇠가 대답하였다.

"사람은 아니오."

"그렇다면 뭐지?"

"황지네."

"뭐, 뭐라구?"

"저 너머에 있는 밭에 살고 있다오. 큰 돌 밑에…… 오래 묵은 황지네라, 밤만 되면 사람으로 둔갑하여 이 집 처자를 괴롭히는 것이오. 아마 처자가 애가 다 타 죽어버릴 때까지 괴롭힐 거요."

"그랬었구나. 황지네였구나."

거지는 탄식하며, 그 나쁜 황지네놈을 잡아 죽일 방법이라도 있는지 자물쇠한테 물어보았다.

"매우 힘들겠지만, 방법이 있긴 있어요."

"방법만 있다면 어려워도 내가 하겠네. 제발 가르쳐주게."

거지는 불끈 주먹을 쥐어 보였다. 자물쇠는 거지의 진정을 확인하고는 여차저차 황지네를 물리칠 방법을 귀띔해주었다.

이튿날 거지는 과부에게 아침밥을 구걸하였다. 과부가 동냥을 주자 고맙다고 한 다음 계획대로 수작을 붙이기 시작하였다.

"아주머님은 따님과 딴 방을 쓰시나요?"

"그건 왜 묻는 거유?"

"간밤에 제가 바로 요기 헛간에서 잤잖습니까? 그런데 한밤중에 따님의 비명 소리가 들리던데요?"

거지의 말을 듣고 과부는 연신 한숨을 내쉬었다.

"그거야 나도 아는 일이지만…… 뭘 어떻게 할 수도 없고……."

"그 남자가 누군지는 아십니까?"

"전혀 몰라요."

과부의 수심이 더욱 깊어지는 듯하자 거지는 이제 그 사내의 정체를 밝혀줘야겠다고 생각하였다.

"그 남자 정체를 제가 압니다."

하며, 실은 사람이 아니라 황지네가 둔갑한 남자라고 알려주었다. 그러자 과부는 거의 기절할 뻔하였다.

"그럴 리가……, 세상에 그럴 수가……."

상상만 해도 끔찍한지 과부는 진저리를 쳤다.

"황지네가 따님을 죽을 때까지 괴롭힐 겁니다."

"아 제발, 제발 그놈을 다니지 못하게 할 수 없겠수?"

"할 수도 있기는 합니다만……."

거지가 이렇게 뜸을 들이자, 과부는 그렇게만 해준다면 무슨 소원이든 들어주마고 간청하였다. 거지는 자물쇠가 귀띔해준 대로 과부에게 요청하였다.

"당장 숯 다섯 가마니만 구해 오시오."

거지는 숯 다섯 가마니를 싣고 과부네 집 너머의 밭으로 갔다. 자물쇠가 가르쳐준 대로 그 밭 가운데에는 커다란 반석이 놓여 있었다. 거지는 반석 밑은 물론 그 주위를 몇 차례 빙빙 돌며 숯들을 골고루 펴놓았다. 그러고는 숯에다 불을 지폈다. 이윽고 숯불은 달아올라 시뻘건 화염을 내기 시작하였다.

반석이 몹시 뜨거워지자, 과연 돌 밑에서 커다란 지네 한 마리가 꿈틀거리며 기어 나오는 것이었다. 그러나 이미 주위는 온통 불바다였다. 황지네는 부질없이 이리저리 피해보다가 끝내는 불에 타 죽고 말았다.

그날 밤부터 사내는 나타나지 않았다. 과부는 몹시 기뻐하였다.

"이 은혜를 무엇으로 갚아야 하는지……."

그러면서 과부는 자기 딸과 결혼하는 게 어떠냐고 제안하였다. 이곳저곳 다니며 동냥질하느니 딸과 결혼해 여기서 농사지으며 살면 좋지 않겠느냐는 것이다. 과부의 제의에 거지는 우물쭈물 확실한 대답을 피하면서 혼잣말로 중얼거렸다.

'지네의 각시하고 어떻게 산담?'

과부도 그 생각을 눈치 채고는 그럼 다른 무슨 소원이든 말하여보라고 하였다.

"따님의 방문을 채우던 자물쇠나 주시지요."

황지네를 물리친 건 순전히 자물쇠 덕분이었다. 정말 신통한 자물쇠가 아닌가 말이다. 그런데 이 사실을 알 리 없는 과부는 거지의 소원이 의외였다. 상당한 걸 요구하리라 예상하였는데 고작 자물쇠라니. 동냥 구걸이나 다니다보면 그런 것에 유독 눈이 가는가 보다 생각하였다. 그래서 과부는 선뜻 자물쇠를 내주었다.

거지는 그 후 유명한 점쟁이가 되었다. 만사를 다 아는 자물쇠가 곁에 있으니 어떤 운세든 신통하게 알아맞혔던 것이다.

두꺼비의 사랑

옛날 두들포라는 곳에 100년쯤 묵은 지네가 살고 있었다. 1년 묵은 이 지네는 1년에 처녀 한 사람씩 잡아먹어야 마을을 평화롭게 해주었다. 만약 바치지 않으면 마을은 흉년이 들고 재앙이 잇달아 생겨나는 것이다. 그런데 매년 처녀를 바치다보니 어느덧 두들포에는 지네의 제물이 될 만한 처녀가 남아 있지 않게 되었다.

두들포와 가까운 마을이 있었는데 이제는 이 마을이 걱정에 휩싸였다. 화가 난 지네가 두들포는 물론 바로 곁의 자기네 마을까지 쑥밭으로 만들어놓을 게 분명하기 때문이다. 그리하여 할 수 없이 이 마을에서 대신 처녀를 바쳐야만 하게 된 것이다.

두들포 옆 마을에 한 처녀가 살았는데, 불행하게도 이 처녀가 지네의 희생물로 바쳐지게 되었다.

평소 처녀는 집에서 두꺼비 한 마리를 기르고 있었다. 마음씨 고운 처녀는 이 두꺼비한테 끊임없이 먹잇감을 구해다 주었다. 메뚜기·파리·귀뚜라미·사마귀·잠자리나 개미까지 두꺼비가 좋아하는 것이면 무엇이든 먹이로 내놓았다. 두꺼비는 처녀의 집안에서 처녀의 보살핌을 받으며 무럭무럭 자랐다. 두꺼비한테는 이 처녀가 생명의 은인일 뿐만 아니라 세상의 모든 것이며, 또한 어느 사이 연모의 대상이 되고 말았다. 두꺼비가 처녀를 사랑하게 된 것이다. 그런데 한갓 두꺼비가 어찌 인간을 사랑할 수 있다는 말인가.

처녀가 희생물로 바쳐질 날이 하루 앞으로 닥쳤다. 이 밤에 처녀는 지네가 살고 있는 두들포의 어느 허름한 집으로 가야만 한다. 마을 사람들은 처녀를 인도하여 지네의 집으로 데려갔다. 모두들 말이 없었다. 가슴 아프지만, 1년 동안 마을 전체가 평화로우려면 어쩔 도리가 없는 노릇이었다.

처녀는 지네가 나올 방으로 들어가 잡아먹힐 순간을 기다리고 있었다.

그런데 이때 아무도 몰래 처녀가 기르던 두꺼비가 처녀와 함께 그 방에 들어갔다. 두꺼비는 지네가 처녀를 잡아먹지 못하도록 목숨을 걸고 지네와 싸울 참이었던 것이다.

밤이 깊어지자, 어디선가 지네가 스르륵스르륵 나타났다.

"내 밥이 여기 있구나."

지네는 입으로 노오란 연기를 자욱하게 내뿜었다. 처녀의 정신을 잃게 한 후 잡아먹으려는 것이다. 이때, 처녀가 있는 방에 숨었던 두꺼비가 모습을 드러내었다.

"아니, 이건 뭐야?"

"나는 두꺼비다. 너를 없애려 왔다."

"가소로운 두꺼비야, 무슨 수로 나를 없애려느냐?"

지네는 더욱 지독하게 노오란 연기를 내뿜었다. 두꺼비의 몸이 휘청거렸다. 그러나 두꺼비는 때를 놓치지 않고 귀로부터 독(毒)을 내뿜었다. 두꺼비 피부에는 독이 있어 무턱대고 잡아먹으면 악어까지도 죽게 만든다. 특히 두꺼비 귀밑샘에서 분비되는 끈적끈적한 독은 더욱 치명적이었다. 지네는 이 예상치 못한 공격에 당황하였다.

이렇게 하여 밤새도록 지네는 노오란 연기를 내뿜고 두꺼비는 몸 안의 독을 다 쏟아낼 듯이 지네를 공격하며 치열한 전쟁을 벌였다.

날이 새자, 마침내 100년 묵은 지네가 나가떨어지고 말았다.

마을 사람들이 이젠 지네가 처녀를 다 먹었겠지 하며 방문을 여는 순간 그들은 너무 놀라 숨이 막힐 지경이었다. 처녀는 산 채 가만히 앉아 있고, 몇 발은 됨 직한 커다란 지네가 바닥에 떨어져 죽어 있는 게 아닌가.

　"이게 어찌 된 노릇이냐?"

　"세상에 이런 일도 있다니!"

　"그놈이 죽을 때가 되었던 모양이지? 아무튼 100년 지네가 죽어 이젠 1년에 사람 하나씩 바치지 않아도 되겠다."

　사람들은 지네가 죽은 게 놀라우면서 오랜 걱정거리가 사라진 셈이어서 안심이 되었다.

　두꺼비는 사람들이 잠시 한눈을 파는 사이 처녀 앞으로 나타났다.

　"두꺼비야, 내 목숨 살려줘서 정말 고맙다."

　처녀가 치사의 말을 하자 두꺼비는,

　"당신은 이런 경우를 한 번 더 겪어야 합니다."

라고 대답하였다.

　"이런 위험한 일을 다시 겪어야 한다고?"

　처녀는 울상이 되었다.

　"그런 사경(死境)에 이르러야만 우린 다시 만날 수 있답니다. 그렇지 않으면 만나지 못하게 돼 있습니다."

　두꺼비는 슬픈 표정으로, 그러나 단호하게 말하고는 어디론지 사라져 갔다.

지네한테 잡혀먹힐 뻔하다가 간신히 살아난 처녀는 그 후 마을 한 총각한테 시집을 갔다. 결혼하여 산 지 10여 년쯤 지났을 때, 밤 깊어 집에 강도가 들어왔다. 이 강도는 당시 유명한 도둑이었는데, 물건을 훔칠 뿐만 아니라 수틀리면 사람도 마구 죽여버리는 광포한 성격을 지닌 자였다.

이 도둑놈이 시집가서 잘 살고 있는 여자의 집에 가서 강도짓을 하기로 마음먹은 것을 두꺼비가 알아채었다. 남편이 마침 먼 곳으로 장사를 나간 때였다. 두꺼비는 사랑하는 여자가 죽을 지경에 이르렀으니 당연히 이를 구하기 위해 그 집으로 갔다.

두꺼비는 잠을 자는 여자를 깨웠다.

"이 밤에 당신 생명이 위태로우니 명심해요. 이부자리는 마치 사람이 누워 자는 것처럼 만들어놓고, 당신은 나와서 대문 밑에 숨어 있어야 합니다."

"꼭 그래야만 하겠니, 두꺼비야?"

"그래야만 당신 목숨이 지켜질 것입니다."

과연 밤중이 되니 도둑놈이 날선 도끼를 들고 집 안으로 침입하였다. 도둑놈은 냅다 방 안으로 들어가 불룩 솟은 이불의 가운데를 도끼로 팍팍 찍었다. 그런데 이불 안에는 아무엇도 없었다.

"아, 속았다!"

도둑놈은 뭔가 함정에 빠졌음을 직감하고는 일단 몸을 피하기로 하였다. 몸을 돌려 문지방을 넘는데, 당황한 나머지 문지방에 발이 덜컥 걸리고 말았다. 발이 걸려 넘어지는 순간, 도둑놈은 자신이 들고 있던 도끼에 얼굴이 찍혀 그 자리에서 죽어버리는 것이었다.

여인은 두꺼비 때문에 이번에도 목숨을 건졌다.

"두꺼비야, 두 번씩이나 내 생명을 구해주는구나."

"나를 먹여 살린 건 오직 당신뿐입니다. 그 은혜를 갚은 것에 불과합니다."

"이제 내가 너를 위해 무얼 해주면 좋겠느냐?"

"이승에서는 사람과 두꺼비가 같이 살 수 없지만, 저승에서는 가능합니다."

"저승에서 나를 만나겠느냐?"

"우린 저승에서 다시 만나 짝을 짓고 행복하게 살게 될 것입니다."

"그게 네 소원이었구나."

"그렇습니다. 당신을 사랑하니까요."

두꺼비는 이승에서 이루지 못하는 사랑을 저승에서 맺기 위해 두 번씩이나 여인을 사경에서 구해준 것이다. 그렇게 해야 소원이 이루어지기 때문이었다.

  여인에게 사랑을 고백한 두꺼비는 다시 어디론가 사라졌다. 그러고는 자기 목숨이 다할 때까지 즐거운 마음으로 살다 죽었다.

이순풍과 여우 이야기

어느 마을에 이순풍이라는 뱃심 좋고 마음이 굳센 중노인이 살았다.

이순풍이 어느 날 들일을 나갈 때였다. 시냇가 언덕 밑에 있는 굴속에서 "스걱스걱" 하는 소리가 들리는가 하면 "핫핫" 웃음소리가 들리기도 하였다. 이순풍은 호기심에 끌려 굴속을 들여다보았다.

어둠침침한 굴속에 놀랍게도 늙은 여우 한 마리가 사람의 해골을 자기 머리에 맞도록 돌에다 갈아대고 있었다. 늙은 여우가 사람의 해골을 써서 여러 가지 모습으로 둔갑을 하려는 것이로구나 생각한 이순풍은 인기척을 내지 않고 가만히 여우가 하는 양을 지켜보았다.

한참 만에 해골은 여우의 머리에 꼭 들어맞게 다듬어졌다. 이 해골을 머리에 쓴 여우는 굴 밖으로 나섰다. 그런데 바로 그 순간 여우가 웬 점잖게 생긴 노인의 모습으로 변하는 것이었다.

'저런! 저런!'

이순풍은 기가 막혀 소리도 나오지 않았다.

점잖은 노인은 언덕 아랫길로 내려가기 시작하였다. 이순풍은 노인이 눈치 채지 못하게 먼발치로 뒤를 따랐다.

노인으로 둔갑한 여우는 한 평화로운 마을을 찾아들었다.

'아이고, 이제 저 여우놈 때문에 이 마을이 망가지겠구나.'

이순풍은 입맛을 쩝쩝 다셨다.

아닌 게 아니라 노인이 마을로 들어서자 마을에는 갑자기 괴질이 돌기 시작하였다. 집집마다 환자가 생겨나고 곧 죽는다며 아우성이었다. 이때 노인이 나서서 제안하였다.

"이 괴질은 내가 고칠 수 있소."

마을 사람들은 지푸라기라도 잡는 심정으로 노인에게 환자를 봐달라고 부탁하였다. 그랬더니 그의 말대로 아무도 고치지 못하던 병이 싹 낫는 것이었다. 참으로 신통한 의원을 만났다고 사람들은 좋아하였다. 그런데 그 치료비가 엄청나게 비쌌으므로, 사람들은 어쩔 수 없이 있는 재산 없는 재산다 동원하여 노인에게 갖다 바쳐야 하였다. 없는 집안은 한순간에 알거지가 되고, 웬만한 부자들도 거의 전 재산을 탕진할 정도였다. 얼마 지나지 않아 이 평화롭던 마을의 재산이란 재산은 모두 노인의 수중에 들어가게 되었다.

이 과정을 처음부터 죽 지켜보던 이순풍은 마침내 결심하지 않을 수 없었다.

'이 여우놈을 죽여버려야 한다!'

여우를 죽일 기회를 엿보던 이순풍은 어느 날 환자의 집에서 나오는 노인한테 달려들어 단도로 푹푹 찔러대었다. 칼에 정통으로 맞자 노인은 여우의 본색을 드러내어 아흔아홉 개의 꼬리를 흔들며 달아나버렸다.

여우를 죽이지는 못하였으나, 이순풍은 여우가 거둬들인 재물들은 되찾아야겠다고 생각하였다. 그래서 그는 전에 여우가 둔갑하던 굴을 향하여 떠났다.

그 굴이 가까워질 무렵이었다. 이순풍은 여러 개의 무덤이 있는 사이에서 한 여인이 슬프게 통곡하고 있는 걸 발견하였다.

"웬일이시오? 왜 이런 데서 울고 있는 거요?"

이순풍이 묻자, 여인은 더욱 서럽게 울며 대답하였다.

"이 무덤은 남편 것, 이 무덤은 어머니 것, 이 무덤은 할아버지, 이 무덤은 할머니……."

여인은 이 무덤 저 무덤을 가리키며 계속 울먹였다. 남편을 비롯하여 자기 주위의 모든 사람이 다 죽어버렸으니, 자기 팔자가 기막혀서 이렇게 서럽게 울 수밖에 없다는 것이다. 이순풍이 자세히 보니 매우 곱상하게 생긴 여인이었다. 이순풍은 여인의 애처로운 목소리와 고운 외모에 홀딱 반해버렸다.

"허어, 참으로 안되었소이다."

그렇게 말하며 이순풍이 갈 생각도 않고 머뭇거리자, 여인은 마침 좋은 기회를 만났다는 듯 고운 얼굴을 들어 부탁하는 것이었다.

"실로 팔자가 기구하여 이제 아무 곳도 의지할 데가 없게 되었으니, 외람되오나 선비께서 저를 거두어주심이 어떠합니까?"

이순풍은 아까부터 속으로 은근히 그런 소망을 지니게 되었기 때문에 얼른 승낙하고 말았다.

실은 이 여인이 바로 그 여우였다. 이순풍이 반드시 자기가 묻어둔 재화를 찾으러 오리라 짐작하고 기다리던 참이었다. 자기 일에 산통을 깨버린 일로 단단히 화가 난 여우는 복수를 위하여 일을 꾸몄고, 이순풍은 그 덫에 덜컥 걸려버린 셈이었다.

꿈같은 하룻밤을 보낸 후 여인은 본색을 드러냈다. 이순풍을 황소로 만들어버린 것이다.

여우는 황소가 된 이순풍을 발로 차고 쇠꼬챙이로 찌르는 등 못살게 굴며 실컷 분풀이를 하였다.

"이놈! 나쁜 놈! 망할 놈!"

"음메에!"

이순풍은 여우가 하는 대로 고스란히 당하며 그저 황소의 울음이나 울 따름이었다.

어느 정도 분풀이가 되었다 싶자, 여우는 농부로 둔갑하여 우시장에서 황소를 팔아버렸다. 황소를 사 가는 사람에게 여우는 주의사항을 말하여주었다.

"이 황소는 몸집도 크고 일도 잘하지만, 배추밭만은 멀리해야 합니다. 배추밭만 보면 뛰어 들어가 모조리 갈아엎어버리는 성질이 있거든요."

황소가 된 이순풍은 그 말을 들으며 배추밭이 자기와 무슨 관계가 있다고 생각하였다. 그래서 어떻게든 배추밭에 접근하려고 하였다. 그러나 주인은 여우의 당부대로 배추밭 근처에는 얼씬도 못 하게 하였다.

그러던 어느 날 주인이 멀리 외출을 했을 때였다. 그 부인이 대신 황소를 끌고 개울에서 물을 먹이고 돌아오는 길에 아는 사람을 만나게 되었다. 부인은 아는 사람과 이야기를 나누는 데만 열중해서 잠시 황소를 잊어버리고 말았다. 그 틈을 타서 황소는 고삐를 뿌리치며 잽싸게 달아나기 시작하였다. 부인이 부랴부랴 뒤를 쫓았지만 황소의 걸음이 훨씬 빨라서 따라잡을 수가 없었다.

황소는 멀찍이 도망친 다음 우선 배추밭을 찾아 들어가 배추를 뜯어먹었다. 한동안 뜯어먹다보니 주술이 풀리면서 본래의 모습대로 돌아가는 것이었다.

이순풍은 생각할수록 분하기 그지없었다. 어떻게 해서든 그 늙은 여우를 붙잡아 설욕해야겠다고 결심하였다.

이순풍은 일단 지난번 여인으로 둔갑한 여우를 만났던 무덤 쪽으로 갔다. 이 무덤 저 무덤을 자세히 살피던 이순풍은 이 무덤들이 여우의 재화를 묻어둔 곳임을 알게 되었다. 얼씨구나 하며 이순풍은 무덤들에서 재물들을 모조리 파 가지고 와버렸다.

여우가 밤에 돌아와보니 재물이 하나도 남아 있지 않았다. 이순풍이 한 짓임이 틀림없으리라! 여우는 빠득빠득 이를 갈았다.

이순풍은 필시 여우가 자기를 해치려들 것을 예상하고 그 대비책을 세웠다. 우선 그는 집에다 사나운 개 여러 마리를 길렀다. 그러고는 여우를 찾기 위하여 말을 몰고 이리저리 헤매고 다녔다. 이상한 소문이 도는 곳이면 어김없이 찾아가 살펴보곤 하였다.

그렇게 헤매던 어느 날 이순풍은 드디어 그 여우를 발견하게 되었다. 달 밝은 밤, 어느 마을 시냇가에서 그릇을 씻고 있는 여자를 보았던 것이다. 그릇이 달그락거리는 소리가 분명히 여우의 발톱 소리였다. 이순풍은 말을 몰아 그 여자 곁으로 가까이 다가갔다.

"웬일로 이렇게 한적한 곳에서, 그것도 부인 혼자서 그릇을 씻고 계시오?"

"마침 돌아가려던 참이었어요. 잘되었습니다. 길벗도 할 겸 같이 가요."

역시 예쁘장하게 생긴 여자였다. 그러나 이순풍은 이번에는 속지 않았다. 이순풍은 여자를 말에다 태웠다.

"말에서 떨어지면 다칠 터이니, 끈으로 몸을 좀 묶어두리다."

이순풍은 여인을 단단히 안장에다 결박 지우고는 말을 몰아 집을 향하였다.

집의 개들은 귀에 익은 주인의 말방울 소리가 들리자 컹컹 짖으며 마중을 나왔다. 그제야 여우는,

'아차차! 속았구나!'

하였지만 이미 때는 늦었다. 집에 기르던 사나운 개들이 한 눈에 여우임을 알아보고 일제히 달려들어 물어뜯기 시작한 것이다. 여러 마리의 개가 한꺼번에 달려들어 물어뜯는 바람에 안장에 묶였던 줄이 뚝 끊어졌고, 그 틈에 여우는 재빨리 도망쳐버렸다. 그때는 이미 여우의 한쪽 귀가 떨어져 나간 후였다.

그런 일이 있은 후였다.

어떤 사내가 지난번 여자가 그릇 씻던 시냇가를 지나가고 있었다. 왠지 음침하고 기분이 나쁜 저녁 무렵이었다.

갑자기 어디선가 굿을 하는 듯한 소리가 들려왔다. 사내는 호기심에 끌려 소리는 나는 쪽으로 가보았다.

족제비와 여우가 닭 한 마리를 잡아다 놓고 사이좋게 놀고 있었다.

"궁궁궁."

이렇게 여우가 선창하면,

"찍찍찍."

하고 족제비가 맞받았다. '궁궁궁' '찍찍찍'은 계속되었다.

그러다가 여우가 엉뚱한 말을 하였다.

"아야, 귀!"

족제비는 그 말이 이상하여,

"무슨 귀?"

하며 묻자, 여우는 이렇게 받아넘기는 것이었다.

"이순풍한테 찢긴 귀."

혼령과 결혼한 선비

한 선비가 밤늦게 말을 몰아 길을 재촉하고 있었다. 집으로 돌아가는 길이었다.

한참을 달리는데, 저 앞을 보니 소복을 입은 한 여인이 사뿐사뿐 걸어가고 있었다. 선비는 의아하기도 하고 호기심도 나서 여인의 뒤를 쫓아 달렸다. 그러나 아무리 말에 채찍을 놓아도 여인을 따라잡을 수가 없었다. 그러는 사이 여인은 어떤 웅장한 기와집으로 쓱 들어가버리는 것이었다.

선비는 닭 쫓던 개 지붕 쳐다보는 격이 되었다.

'이제 어떻게 하지?'

이리 할까 저리 할까 망설이던 선비는 밤도 너무 깊었으니 이왕이면 여인이 있는 집에서 하룻밤을 묵으리라 생각하고는 대문을 두드렸다.

잠시 후 안쪽에서 신발 끄는 소리가 나더니 대문이 열렸다. 대문을 연 사람은 아무래도 아까 길을 걷던 그 여인 같았다. 자세히 보니 참으로 곱상하게 생긴 여인이었다. 그러나 여인은 대문만 열어놓은 채 아무 말도 없이 다시 들어가버렸다.

부끄러워서 그러려니 여긴 선비는 문간에다 말을 매어놓고 집 안으로 들어갔다.

선비가 묵을 방 안에는 이미 상이 차려져 있었다. 푸짐한 저녁상과 진귀한 술로 후한 대접을 받은 선비는 그날 밤 편안히 잠들었다.

이튿날 잠이 깬 선비는 깜짝 놀랐다. 아름다운 여인은커녕 웅장하던 기와집마저 온데간데없는 것이다. 정신을 가다듬고 주위를 살펴보니 자신은 어느 무덤의 제단 앞에 누워 있었고, 타고 온 말은 산담에 매여 있었다. 아무리 생각해보아도 모를 일이었다. 선비는 자기 살을 꼬집어보았으나 꿈은 분명히 아니었다.

집에 돌아온 선비는 이름 모를 병이 들어 몸져누웠다. 어떤 약을 써도 소용없었다. 용하다는 의원을 모두 불러보았으나 역시 헛수고였다.

마지막 수단으로 선비는 점을 쳐보기로 하였다. 섬괘는, 언젠가 밤길에서 만난 여인의 혼령이 문전에 서 있는데 대접을 하지 않으니 주인을 괴롭힌다는 것이었다.

　선비는 점쟁이의 말을 따라 그 여인의 혼령을 후처로 삼는 혼례식을 올리고 삼년상도 치러주었다.

　그 후 선비의 병은 나았다. 의지할 데 없던 혼령이 선비한테서 제를 받아 원을 푼 것이었다.

봉사와 앉은뱅이

옛날 어느 마을에 봉사와 앉은뱅이가 살고 있었다. 두 사람 다 생활이 워낙 곤란하여 비럭질이나 하며 살아갈 수밖에 없었다.

그런데 봉사는 눈이 멀었지만 키가 컸고, 앉은뱅이는 스스로 움직일 수는 없으나 시력이 매우 좋았다. 두 사람은 서로가 서로의 부족한 점을 대신하며 함께 비럭질을 하자고 의논하였다. 즉 봉사는 앉은뱅이를 업고, 앉은뱅이는 봉사가 갈 길을 두 귀를 잡아당기며 조종하기로 한 것이다. 이리하여 두 사람인데 한 사람 같고, 한 사람인 듯 두 사람인 기묘한 거지들이 생겨나게 되었다.

하루는 갈증이 심하여 그들은 우물을 찾아갔다. 봉사에게 업힌 채 두레박으로 물을 길어 올리던 앉은뱅이는 우물 속에 황금덩이가 반짝이는 것을 보았다.

"야! 황금이다!"

그 말을 듣고 봉사는 피식 웃어넘겼다. 정말 금덩이가 있다면 다른 사람들이 그대로 두었을 리가 없기 때문이다.

그러나 앉은뱅이의 눈에는 분명히 황금으로 보였으므로 두 사람은 금이다, 아니다, 하고 한참을 다투었다. 물론 다투어본들 소용없는 노릇이었다. 그들이 그 금덩이를 건져 올릴 수도 없으니 말이다. 말다툼을 하느라 두 사람은 배만 무척 고파졌다.

어느 집에 가 겨우 밥을 얻어먹으며 그들은 우물 속의 황금에 대하여 이야기하였다. 이 말을 듣고 욕심 많은 주인이 황급히 달려 나갔다. 자기가 황금을 건져 오겠다는 것이다.

얼마 후 주인은 빈손으로 돌아왔다. 그들이 가르쳐준 우물에 가보니 황금은커녕 징그러운 구렁이 한 마리만 물 위에 도사리고 있을 뿐이더라는 것이다. 머리끝까지 화가 치솟은 주인은 그들 뺨을 여러 차례 후려갈겼다.

"병신들이 사람을 놀려?"

그들은 다시 우물로 돌아가 보았다. 분명히 황금이 번쩍이고 있었다. 앉은뱅이는 생각할수록 억울하였다. 그제야 그들은 이 금덩이가 다른 사람 눈에는, 특히 욕심 사나운 사람한테는 구렁이로 보인다는 사실을 깨닫게 되었다. 어쨌든 황금은 건져내고 볼 일이었다.

봉사의 등에 업힌 채 앉은뱅이는 두레박을 이용하여 수없이 시도한 끝에 마침내 그 금덩이를 건져 올릴 수 있었다. 정말 찬란한 순금이었다.

"이 황금 봐라!"

봉사는 비록 눈으로는 볼 수 없었으나, 손에 묵직하게 실리는 그 황홀한 질감을 느끼고는 금임을 인정하였다.

정작 금을 손에 넣으니 두 사람은 또 걱정이 생겼다. 이런 귀한 걸 지니고 다니다가는 사람들에게 빼앗기기 십상이고, 까딱하면 목숨까지 잃을지도 모르는 일이었다.

두 사람은 의논 끝에 황금을 절에다 바치기로 하였다. 대신 전날에 자기들의 뺨을 때린 욕심 많은 주인에게 벌이나 내려주도록 부처님께 빌기로 한 것이다.

난데없이 황금을 시주한다니 절에서는 대환영이었다. 스님들은 그들의 착한 마음을 칭찬하고 부처님께 불공을 잘 드리면 극락에 가게 된다고 하였다. 그때부터 그들은 절에서 지내게 되었는데 지금까지의 고생에 비하면 극락 같은 나날이었다.

하지만 얼마 지나지 않아 그들은 절 생활을 갑갑하게 느끼게 되었다. 떠돌아다니는 것이 생리였던 그들인지라 안정된 생활이란 오히려 불편하였던 것이다.

"이제 그만 떠나겠습니다."

그들이 절을 나가겠다고 하자 스님들은 극구 말렸다. 보지도 못하고 걷지도 못하는 사람들이 험한 세상을 어떻게 헤쳐 나가겠느냐는 것이다. 그래도 그들은 고집을 꺾지 않았다.

"그럼, 고향에라도 한 번 다녀오게 해주십시오."

이 말에는 스님들도 어쩔 수 없었다. 부디 곧 다시 오라고 당부하며 스님들은 두 사람을 전송하였다.

다시 거지 생활이 시작되었다. 이전처럼 봉사는 앉은뱅이를 업고, 앉은뱅이는 봉사의 귀를 이리저리 잡아당기며 방향을 잡았다.

어느 날 두 사람은 한참을 가다가 정자나무 그늘에서 좀 쉬기로 하였다. 여러 사람들이 모여앉아 담소를 나누고 있었다.

"허, 그 사람 결국 죽었대."

"왜?"

"어느 날 갑자기 손이 썩어들어가기 시작했는데, 별 약을 써도 소용없더래."

"그 사람 생전에 욕심이 너무 많았어."

"그뿐이야? 화나면 아무한테나 뺨을 갈기고 말이야."

"음, 그래서 벌 받은 셈이군."

두 사람이 가만히 엿듣고 있자니, 죽었다는 사람이 전에 자기들 뺨을 때려준 그 욕심 많은 주인임을 알았다. 두 사람은 그저 말없이 고개만 끄덕이었다.

그늘에서 잘 쉬어 피곤도 풀렸으므로 그들은 다시 길을 가려고 하였다. 그때 봉사가 야릇한 비명을 질렀다.

"어째 좀 이상하다? 눈 속이 자꾸 꾸물거리는 걸?"

"아마 눈이 뜨이려나 보다! 눈을 뜨려고 힘써보게."

앉은뱅이 말대로 봉사는 눈동자를 열심히 굴려대었다. 그러자 어느 순간 갑자기 환한 빛이 두 눈으로 쏟아져 들어오지 않는가. 봉사의 눈이 뜨인 것이다. 그들은 얼싸안고 좋아서 어쩔 줄을 몰랐다.

잠시 후에는 앉은뱅이가 기묘한 비명을 질렀다.

"이상하다? 정강이가 조금씩 움직이려 하는 걸?"

"키가 커지려는 거야! 일어서려고 힘써봐!"

이번엔 눈뜬 봉사가 앉은뱅이를 격려하였다. 앉은뱅이가 불끈 힘을 모으자, 과연 벌떡 일어서는 것이었다. 앉은뱅이도 거의 보통 사람과 같은 체구가 되었다. 두 사람은 다시금 얼싸안고 맘껏 기쁨을 나누었다.

이젠 봉사가 앉은뱅이를 업고 다니지 않아도 되었다. 두 사람은 앞으로의 삶을 의논하였다. 눈도 보이고 걷게도 되었지만 그 모두가 부처님 은덕이라는 결론이 나왔다. 세상은 그간 겪을 만큼 겪었으니 큰 미련도 없었다.

"우리 다시 절에 들어가 부처님께 공덕을 올리자."

"그래 맞다. 그게 부처님 뜻인지도 몰라."

그리하여 두 사람은 절에 들어가 열심히 불공을 드리며 평생을 함께 살았다.

녹핀영감

옛날에 가난한 나무꾼이 살고 있었다. 부모도 형제도 없어 외로운 몸이긴 했으나 워낙 마음씨가 순하고 욕심이 없는 사람이었다. 매일 나무를 베어다 팔아 겨우 입에 풀칠을 하였지만 고생스럽다거나 괴롭다는 생각을 하지는 않았다.

흰 눈이 펄펄 날리는 어느 겨울날이었다. 생각 같아선 집에서 쉬고 싶은 추운 날씨였지만 그럴 수가 없었다. 당장의 끼니가 어려워졌기 때문이다. 나무꾼은 지게를 지고 펄펄 날리는 함박눈을 맞으며 산으로 올라갔다.

산속은 더 추웠다. 나무꾼은 추위를 참아가며 나무 한 짐을 하여 산을 내려오기 시작하였다. 그런데 나무꾼이 바람맞이동산에 이르렀을 때 웬 노인이 거기 홀로 서 있는 게 아닌가. 자세히 보니 녹핀영감이었다. 녹핀영감은 돌하르방과도 닮은 노인이었다. 나무꾼은 그 노인이 몹시 추우리라고 생각하였다.

"영감님, 어째서 이렇게 추운데 서 계십니까? 좀 더 따뜻한 곳으로 옮겨 서시지 않고."

"나는 바람 부는 곳밖에는 서 있지 못하는 사람이오."

녹핀영감의 말을 듣고 나무꾼은 생각하였다.

'나보다 팔자가 사나운 사람도 있구나. 나는 비록 가난한 나무꾼이지만 그래도 밤이면 지붕 아래서 추위를 피할 수 있지 않은가.'

나무꾼은 장판에 내려와 나무를 팔았다. 이상하게도 전보다 잘 팔렸다. 거의 두 배나 되는 값으로 나무를 판 것이다.

나무꾼은 기쁜 마음으로 돌아오다가 쇠고기 장국집에 들렀다. 전에는 엄두도 못 내던 일이지만 오늘은 돈도 많이 벌었지 않은가. 쇠고기를 듬뿍 넣은 장국 한 그릇은 얼어붙은 그의 몸을 푸근히 풀어주었다. 그러자 바람맞이동산에 서서 떨고 있을 녹핀영감 생각이 났다. 나무꾼은 장국 한 그릇을 더 사들고 바람맞이동산으로 다시 올라갔다.

"영감님, 이걸 잡수십시오."

그러나 녹판영감은 별로 탐탁하게 여기는 것 같지 않았다.

"나에겐 그런 음식이 별로 달갑지 않으나, 하여간 놓아두고 가시오. 멀찌감치."

나무꾼은 이상스런 마음이 없지도 않았지만 노인이 시키는 대로 장국을 멀찌감치 놓아두고 집에 돌아왔다.

그날 밤이었다. 나무꾼이 막 잠이 들려는 참인데 누가 찾아왔다. 나가보니 아까 만났던 녹판영감이었다.

"나는 바람맞이동산의 수호신이다. 당신 운이 사납기는 하지만, 마음씨가 갸륵하여 행운을 주려 하노라. 내일 건넛마을 잔칫집을 찾아가보시게."

녹판영감은 이 말만 남기고 나무꾼이 무어라 하기도 전에 사라지고 말았다. 그는 꿈인가 하여 자기의 허벅다리를 꼬집어보았다. 아픈 것으로 보아 생시임이 분명하였다.

내일 잔치한다는 건넛마을의 집은 그도 잘 아는 곳이었다. 언젠가 그가 나뭇짐을 지고 갔을 때 하마터면 그 집 억센 머슴들한테 욕을 볼 뻔한 집이었던 것이다. 그런 집을 찾아가라니 나무꾼으로서는 녹판영감의 말을 더욱 이해할 수 없었다. 하지만 녹판영감을 만난 게 예사롭지 않은 일인 건 분명하니 무슨 곡절이 있을 것도 같아 일단 가보기로 작정하였다.

　한편, 나무꾼의 집에서 나온 녹핀영감은 그 길로 내일 잔치가 있다는 집으로 갔다. 녹핀영감은 잔칫집 주인을 불러내 말했다.

　"내일 나무꾼이 올 터이니 후하게 대접해야 한다. 만약 딴 마음을 먹는다면 액운을 면하지 못할 것이다."

　어리둥절한 주인이 별 대답도 못 하는 사이 녹핀영감은 어디론가 사라져버렸다.

　주인은 몹시 이상하였지만 역시 무슨 곡절이 있는 말이라 여겼다. 머슴들을 불러 내일 이러저러한 나무꾼이 오면 즉시 자기에게 불러들이라 명하였다.

　이튿날 나무꾼은 나뭇짐을 지고 잔칫집으로 갔다. 머슴들은 주인의 명대로 융숭하게 대접하며 그를 모셔갔다. 나무꾼은 또 무슨 봉변을 당하는가 싶었지만 애써 태연한 표정을 지었다.

　주인은 나무꾼을 어떻게 대해줄까 생각하다가,

　"우리 집에서 머슴살이를 하게. 한 섬지기 밭을 주겠네."

　나무꾼은 나무 장사보다는 나으리라 생각하였으므로 즉석에서 응낙하였다.

나무꾼은 머슴이 되어서도 부지런히 일하였다. 과연 그의 농사는 남보다 곱절이나 되는 양식을 거둬들이게 되었다. 이렇게 하여 그는 3년도 못 가서 큰 부자가 되었다.

나무꾼이 벼락부자가 되었다는 소문은 이웃 동네에까지 퍼졌다. 마침 그 동네에 욕심 많은 부자가 살고 있었는데, 이 소문을 듣고 가만있을 수가 없었다. 부자는 당장 나무꾼을 찾아가 부자가 된 경위를 물었다. 찾아온 부자에게 나무꾼은 자초지종을 솔직히 말해주었다.

욕심쟁이 부자는 집으로 돌아오면서,

'겨우 장국 한 그릇으로 저만한 재산을 모았는데, 진수성찬을 차려 간다면 얼마나 많은 재산을 모을 것인가?'

하고 생각하였다.

욕심쟁이 부자는 부인을 재촉하여 갖은 맛난 음식을 차리게 하고, 그 음식을 바람맞이동산으로 가지고 갔다.

많은 복을 내려주십사 빌며 진수성찬을 차려온 그에게 녹핀영감은 딱 잘라 말했다.

"그대로 두고 가게."

부자는 많은 복을 받으려니 생각하며 집에 돌아와 녹핀영감을 기다렸다.

그날 저녁, 아니나 다를까. 녹핀영감이 찾아왔다.

"네가 자식이 없어 좋은 음식을 차려 왔느냐? 밭이 없어 진수성찬을 차려 왔느냐? 무엇이 부족해 더 욕심을 내는 것이냐? 네가 지금까지는 제법 괜찮게 살았지만, 네 마음씨가 괘씸하니 앞으로는 어떠한 복도 없으리라."

부자가 바라던 축복 대신에 녹편영감은 저주의 말을 하고 돌아가버렸다.

그 후 욕심쟁이 부자의 집은 차츰 몰락하기 시작하더니 자식들이 차례차례 죽는 것을 비롯하여 온 식구가 이름 모를 병으로 앓다가 모두 죽고 말았다.

죽었다 산 사람

죽었다가 사흘 만에 깨어난 사람의 이야기다.

옛날 김 정승이라는 이가 있었다. 벼슬은 하였으되 자식 복이 없어, 낳아서 좀 자란다 싶으면 갑자기 죽어버리고 다시 낳으면 역시 좀 자라다 갑자기 죽어버리곤 하였다.

늘그막에야 겨우 아들 하나를 얻었는데 천만다행으로 이놈은 잘 커나갔다.

"내 이만큼 살았으니 오늘 모르고 내일 모를 일, 이놈 어서 장가를 보내야지 손이라도 볼 게 아닌가."

김 정승은 아들이 열다섯이 되자 장가를 보내었다.

장가간 아들이 하루는 훤한 낮에 잘 놀다 돌아와 각시한테 말했다.

"어찌 배가 몹시 아파 살지 못하겠다."

"얼른 방 안에 가서 누우세요."

놀란 각시가 즉시 방에 이불을 펴고 신랑을 눕혔다. 이불을 덮고 누운 신랑은 조금 있다가 꼴깍 죽어버렸다.

"아이고, 서방님!"

집안이 난리가 났다. 어떻게 얻은 아들인가. 여러 아이들을 어려서 잃고 말년에야 간신히 얻어 장가까지 보낸 아들이 아닌가. 하도 기가 막혀 김 정승 부부는 목을 놓아 울고불고 야단이었다.

그런데 며느리는 비교적 침착하였다.

"어머님, 아버님 울지 마세요. 아직 안 죽었습니다. 울음소리 내지 말아주세요."

신랑의 몸을 이불로 덮고 곁에는 수건을 가져다놓은 며느리는 잠시 시간을 두었다가 이불을 걷어보곤 하였다. 물론 이불을 걷어보면 신랑은 여전히 죽은 채였고, 다시 덮어두었다가 또 들춰보면 역시 죽은 모습 그대로였다.

그렇게 사흘이 지났다. 사흘째 밤에 이불에 누운 신랑이,

"훅, 훅."

이상한 소리를 내는 게 아닌가. 며느리가 자세히 살펴보니, 완전히 살아난 건 아니고 입으로 피거품이 부각부각 날

때만 잠시 살아나는 듯하였다. 며느리는 수건으로 그 피거품을 닦고 또 닦으면서 신랑이 살아나기만을 간절히 바랐다.

그렇게 피거품을 연신 닦다보니, 어느 순간엔가 신랑이 그냥 목을 놓아 울기 시작하는 것이었다.

"살았다!"

며느리는 가슴을 쓸어내렸으나 신랑은 여전히 목을 놓아 울기만 하였다. 그러다가 신랑은 한 손을 들어 앞으로 내저었다. 며느리는 '아마 일으켜달라는 것인가 보다' 생각하고는 신랑의 몸을 일으켜 앉혔다.

신랑은 이불 위에 앉아서도 그저 울기만 하였다. 울다가 한마디 하는 게,

"아버지를 불러주시오."

하는 것이다. 며느리는 당장 달려가 김 정승을 모셔 왔다.

"아이고, 아들아 정말 살아난 거냐?"

"아버지, 이리 가까이 오십시오."

"오냐, 오냐."

김 정승은 무릎걸음으로 아들 가까이 다가가, 죽었다가 사흘 만에 살아난 아들이 하는 말을 귀 기울여 들었다.

"함씨……."

"뭐라고? 함씨?"

"아버지, 아무 곳에 열다섯에 주모가 되어 늙도록 살다가

눈은 멀어버리고, 돈들은 남 빌려줬다가 다 도망쳐버리고, 이젠 딸 하나와 함께 동냥이나 얻어먹고 사는 함씨라고 있잖습니까?"

"아, 그 함씨? 알지."

"그 함씨한테 돈 100냥을 지어 가세요."

엽전 100냥이면 등에 한 짐 져야 하는 큰돈이었다.

"돈 100냥을?"

"예, 그런데 절대로 놉을 빌리지 말고 아버지가 직접 등으로 져서 주어두고 오십시오."

"함씨한테 왜 그 돈을 줘야 하느냐?"

"함씨가 내가 받을 빚 없다, 받지 않겠다 하더라도 나중에 해결합시다, 하고는 반드시 줘야 합니다."

이상야릇한 부탁이었다. 높은 벼슬도 한 양반 김 정승이라 평생 짐을 져보거나 손에 흙 줌 쥐어본 일이 없었다.

'아, 돈 100냥 짊어지고 그 먼 거리를 내가 어찌 가리?'

그러나 아들이, 그것도 죽었다 살아난 귀한 아들이 신신당부하니 들어주지 않을 수도 없었다. 동짓달 함박눈은 펑펑 내리는데, 무거운 등짐을 진 김 정승은 땀을 뻘뻘 흘리면서 사뭇 죽을 동 말 동 돈 짐을 지고 함씨한테로 갔다.

"함씨 있소?"

눈을 멀었지만 목소리만 듣고도 함씨는 정승을 알아보

왔다.

"아이고, 김 정승 어르신께서 어찌 예까지 오셨습니까?"

"내 아들이 죽었다 살아났는데, 함씨한테 돈 100냥을 지어 가라고 해서 왔으니 받으시오."

"저는 아드님한테 돈 한 푼 물 것도 없고 받을 것도 없는데요?"

"어쨌든 애써서 여까지 지고 왔으니 부려놓고 가겠소."

김 정승은 무거운 돈 짐을 함씨집 쪽마루에 부려놓았다.

함씨가 물었다.

"그런데, 아까 아드님이 죽었다가 다시 살아났다는 말씀이셨는데 사실입니까?"

"그렇다네. 죽었다가 사흘 만에 살아났어."

"아니, 아니, 그게 어찌 된 말씀입니까?"

김 정승의 말을 듣고 함씨가 눈을 퍼뜩 떴다. 죽은 사람이 살아났다는 말에 충격받아 어두웠던 두 눈이 절로 뜨여버린 것이다.

함씨는 아무래도 궁금하여 김 정승을 따라왔다. 죽었다 살아난 아들한테 자초지종을 물어보지 않고는 도대체 영문을 알 수 없는 노릇이었기 때문이다.

돈을 주고 왔다는 아버지의 말씀을 듣고, 또 아버지 김 정승을 따라온 함씨를 보자 아들은 그간의 이야기를 들려주기 시작하였다.

아들이 죽어 저승으로 들어갔다. 염라대왕이 높은 의자에 앉은 채 물었다.

"네 성명이 무어냐?"

"성은 김가이고, 이름은 아무개입니다."

염라대왕은 아래쪽에 앉은 10여 명의 명부(冥府) 관리들에게 주문하였다.

"문서를 걷어보아라. 성이 김가에 이름이 아무개인 자가 있느냐?"

관리들이 부산하게 문서들을 들춰보았으나 김 아무개는 발견되지 않았다.

"없는데요."

"그럴 리 있느냐? 다시 한 번 잘 살펴보아라."

철저하게 문서를 뒤적였지만 김 아무개는 없었다. 염라대왕이 진노하였다.

"이 김가를 잡아온 차사(差使)놈 불러들여라!"

차사가 즉시 잡혀와 염라대왕 앞에 꿇리었다.

"너 이놈, 잡아오라는 자는 놔두고 애매한 사람을 잡아오지 않았느냐?"

차사는 고개를 숙이며 조그마한 목소리로 대답하였다.

"실은 그놈을 잡으러 가는데, 길 가운데 이 사람이 얼씬거리고 있기에 제가 몹시 피곤하기도 하고 해서 에이 아무라도 걸려라 하고 처몰아 왔습니다요."

"대신대명(代身代命)도 다 때가 있고 경우가 있는 법이지 이렇게 마구잡이로 해서야 저승법이 제대로 서겠느냐?"

"소신을 죽여주십시오."

"허, 이놈 이미 죽어 차사가 되었는데 어찌 다시 죽겠다는 말인고?"

염라대왕은 어이가 없어 코웃음을 쳤다.

"아무튼 이 김가는 아직 오려면 멀었다. 다시 돌려보내라."

"예이!"

차사는 김가를 데리고 이승으로 돌아가기로 하였다.

그러나 저승문은 열두 대문이나 되었고, 각 문을 통과할 때마다 인정을 걸어야만 열어주게 돼 있었다. 갑자기 죽어버렸던 아들한테 인정을 걸 돈이 한 푼인들 있을 리 없었다. 그래서 이승으로 돌아갈 수도 없어 다시 염라대왕 있는 데로 왔다.

"왜 빨리 이승으로 돌아가지 않는 것인가?"

"인정 걸 돈이 없는데 돈 100냥을 내라 하니 가지 못하고 있습니다."

염라대왕은 안됐다 싶어 방안을 알려주었다.

"너희 동네 함씨 성을 가진 부인이 열다섯에 술장사 시작하여 늙도록 고생하다가 눈까지 멀어버렸는데, 나쁜 놈들이 돈을 빌리는 체해가지고선 도망하는 바람에 눈 어둡고 돈도 없이 불쌍하게 살고 있는 걸 알고 있다. 그 돈 갖고 도망친 놈들은 진즉에 다 죽어서 명부에 왔고, 내 그 돈을 다 받아두었느니라."

"그러하오면?"

"그 할망 돈은 내가 처결할 수 없으니 모두 모아 창고에 가득 넣어두었다. 그 돈 중 100냥을 가지고 이승으로 가되, 반드시 갚아드려야 한다."

"황공하옵니다. 그리해주신다면 반드시 갚아야지 여부가 있겠습니까?"

염라대왕의 명으로 창고지기는 자물쇠를 열고 함씨 할망의 돈 100냥을 아들한테 건네주었다. 아들은 그 돈으로 열두 대문을 차례로 지날 때마다 듬뿍듬뿍 인정을 걸며 무사히 빠져나올 수 있었다.

저승문을 다 나오자 어디선지 하얀 강아지가 나타나 졸졸 졸 따라왔다. 동행하던 차사가 말했다.

"이제 저 하얀 강아지 뒤를 쫓아서 가라."

하얀 강아지가 물속으로 팡 기어들었다. 순간, 차사는 아들의 등을 탁 쳤다.

"빨리 쫓아가라."

아들도 강아지가 들어간 물속으로 풍 빠져들었다. 그러고
는 이윽고 살아서 깨어나게 되었다는 것이다.

"그래서 이 돈 100냥을 가져다드리라 한 것입니다."

아들의 말에 김 정승은 고개를 끄덕였다. 열심히 듣던 함
씨 할망도,

"아이, 그렇다면 이 돈 내 기꺼이 받겠소."

라고 말하며 환하게 웃었다. 함씨 할망은 이제 멀었던 눈도
뜨고 돈도 많이 생겼으니 이승의 삶이 즐거웠다. 또한 저승
에 가서도 창고에 가득 자기 돈이 쌓여 있으니 아무 걱정 없
이 그저 평안하게 잘살았다고 한다.

병둥이 이야기

어느 산골 마을에 부지런한 부부가 살고 있었다. 그들 부부는 열심히 일을 해서 살림은 여유가 있었으나, 마흔이 넘도록 자식이 없어 늘 쓸쓸하였다.

'아내도 이미 저렇게 나이 들었으니, 새삼 자식 생기기를 기대할 수도 없고…….'

남편은 늙어가는 부인을 바라보며 매일처럼 속으로 한탄하였다. 부인도 자식이 생기지 않는 게 마치 자신의 탓인 듯 여겨져서 고개만 수그리고 있었다.

그날도 남편은 쟁기를 차려 밭으로 밭 갈러 나가고, 부인을 남편을 위하여 집에서 점심을 준비하였다.

남편이 한창 밭을 가는데 부인이 점심을 가져왔다. 부부는 말없이 점심을 먹었다. 그날은 부인이 특별히 맑은 술도 한 병 갖고 와서 남편은 반주로 몇 잔 마셨다.

식사를 끝낸 남편이 담배를 한 대 피워 물었는데, 그 순간 부인이 소리를 질렀다.

"여보, 저 병 좀 보세요! 당신이 마신 술병!"

"술병이라니?"

"술병 안에 무엇이 들어 있는 것 같아요."

남편이 술병 속을 들여다보니, 놀랍게도 아주 작은 아기가 들어 있는 것이었다.

"저렇게 작은 아기가 어떻게 술병 속에……?"

남편은 술병을 기울여 작은 아기를 병 밖으로 꺼내었다. 오밀조밀 매우 귀엽게 생긴 사내 아기였는데, 꺼내자마자 갑자기 몸집이 커지기 시작하였다.

"아니, 이게 무슨 조화야?"

아기는 그들 부부의 눈앞에서 무럭무럭 자랐다. 부부는 놀란 가슴을 진정시키며 쑥쑥 커지는 아이를 그저 바라만 보고 있었다. 해가 뉘엿뉘엿 질 무렵, 아기는 씩씩한 소년이 되어 있었다.

부부는 아기를 얻지 못하여 근심하는 것을 하늘이 알고 이렇게 내려주지 않았나 생각하였다.

"이 아이를 우리 집으로 데려가 키우는 게 어때요?"

부인이 먼저 제의했고, 남편의 생각도 같았으므로 이내 동의하였다.

"이름부터 지어야지. 병에서 나왔으니 병둥이라 하는 게 어떻소?"

"좋아요! 병둥이. 우리 병둥이."

부부는 병둥이의 손을 하나씩 잡고 집으로 돌아왔다.

병둥이는 집에 와서도 매일처럼 커졌다. 그리하여 예기치 못한 근심거리가 생겨나게 되었다. 큰 몸집만큼 음식도 많이 먹어 보통 사람의 열 배는 먹어치우기 때문이었다. 병둥이는 그렇게 먹어도 늘 배가 고프다고 야단이었다.

아들을 얻게 되어 좋아하였던 부부는 이젠 양식이 걱정이었다. 그런대로 여유 있었던 살림이었지만, 병둥이가 들어온 후로는 도저히 감당할 수 없었다. 밤이면 부부는 한숨을 쉬면서 쌔근쌔근 잠든 병둥이를 멀거니 바라보았다.

병둥이는 어느새 청년이 되었다. 힘 또한 장사여서 부부는 더욱 조마조마하였다. 장사가 나면 역적이 난다고 여기던 시절이었다. 동네 사람들은 몇몇이 모이면 병둥이가 그런 위험한 장사가 아닌가 수군거리기 시작하였다. 병둥이가 역적으로 몰린다면 병둥이는 물론 그 부모와 동네 사람들에게까지 화가 미칠 게 뻔하였다. 청년 병둥이도 주위의 이런 의심을 눈치 채게 되었다.

어느 날 병둥이는 부모에게 하직 인사를 하였다.

"제가 부모님 은혜로 이제까지 아무 탈 없이 이 집에서 잘 지냈습니다. 그러나 저는 지금 떠나야 할 때라고 생각합니다. 그래서 이렇게 작별 인사를 올립니다."

"그게 무슨 말이냐? 이 집에서 같이 살면서 장가도 들고 손주도 낳고 해야지."

"아닙니다. 저의 운이 그렇게 순조롭지 못합니다."

막상 떠난다고 하니 섭섭하기 그지없었으나, 그렇다고 이 대로 한 집에서 같이 살 수 있는 형편도 아니었다. 부부는 병둥이를 떠나보낼 수밖에 없었다.

집을 나온 병둥이는 무작정 걸었다. 딱히 갈 곳도 없었으므로 그저 가는 데까지 가보자는 심사였다. 종일 터벅터벅 걷다보니 어느새 주위는 어둑해지고 배도 고프고 다리도 아팠다. 그렇다고 길가에서 노숙할 수는 없는 노릇이라 마을이 보일 때까지 더욱 힘을 내어 걸었다. 그렇게 걷노라니 저 멀리에서 불빛이 보이는 것이었다. 인가도 없는데 불빛이 보이는 게 이상하긴 하였지만, 일단 불빛을 보니 반가움이 일었다. 병둥이는 불빛이 비치는 쪽을 향하여 빨리 걸었다.

다가가보니 외따로 떨어진 큰 기와집이 한 채 있었다. 웅장한 집인데도 사람들은 보이지 않아 마치 빈집 같았다.

'무척 잘사는 집 같은데 이렇게 인기척을 느낄 수 없다니.'

병둥이는 고개를 갸우뚱하며 우선 대문을 두드려보았다. 아무도 나타나지 않자, 그는 이번엔 아예 대문을 마구 흔들어대었다.

"누구 안 계십니까?"

대문을 흔들며 소리쳐도 응답은 없었다. 병둥이는 계속 대문을 흔들어대며 외쳤다. 워낙 장사인 병둥이라 대문이 곧 떨어져나갈 듯 요란하게 삐걱거렸다.

그제야 누군가 신발을 끌며 나오는 소리가 들렸다.

대문을 열어준 이는 예쁘장한 처녀였는데, 머리를 땋아내린 모습이 열일여덟 살쯤 되어 보였다.

"밤늦게 죄송합니다만 하룻밤만 묵어가게 해주십시오."

병둥이는 쑥스러웠지만 사정을 하였다.

처녀는 한동안 병둥이를 물끄러미 바라보기만 하였다.

"그저, 하룻밤만……."

마침내 처녀는 말없이 고개를 끄덕였다. 병둥이는 처녀를 따라 대문 안으로 들어갔다.

처녀는 간단한 저녁상을 차려다 주며 입을 열었다.

"하룻밤 묵어가는 것은 좋습니다만, 이곳에 계시면 위험한 일이 닥칠 것입니다."

"위험한 일이라니요?"

처녀는 병둥이에게 이 집안의 사정을 자세하게 말해주었다.

언젠가부터 밤이면 때 없이 괴물이 나타나 집안 식구들을 하나씩 잡아간다는 것이었다. 어머니·아버지·오라버니들·언니들도 다 잡혀갔고, 이제 처녀 혼자 남았는데 아마도 오늘쯤 괴물이 또 나타나 자기를 잡아갈 차례라고 처녀는 침통한 표정으로 울먹였다. 그간 괴물한테 잡혀간 식구들은 틀림없이 다 죽었을 거라며 처녀는 기어이 흐느껴 울기 시작하였다.

이곳엔 원래 마을이 하나 있었고 자기넨 그 마을에서 가장 잘사는 집이었다 한다. 그런데 괴물이 종종 나타나곤 하자 다들 스스로 집을 헐어버리고 어디론지 떠나버렸다고 하였다.

"그래서 이 큰 기와집만 남은 것이로군요."

"이제 저마저 잡혀간다면 이 집도 허물어지고 말겠지요."

병둥이는 어깨를 들썩이며 흐느끼는 처녀를 일단 다독여주었다.

"울지 말아요. 내가 그 괴물을 잡아줄 터이니 안심하고 있어요."

병둥이는 처녀에게 그간 집안에서 쓰던 칼이나 활이 있느냐고 물었다. 처녀는 아버지와 오라버니들이 예전에 사용하던 것들이 어딘가에 있을 것이라고 말했다. 병둥이는 처녀와 함께 집 안을 뒤져 칼과 활을 찾아내었다.

밤은 깊어갔다. 밀려오는 졸음을 참으며 병둥이는 대문 안쪽에 몸을 숨기고 괴물이 나타나기를 기다렸다. 몽둥이와 칼과 활이 그의 곁에 놓여 있었다.

자정을 막 지났을까, 우렁우렁하는 소리가 들리더니 대문이 요란스럽게 흔들렸다. 이어서 무엇이 '툭' 마당으로 내려섰다. 가만히 살피니 사람 키의 배는 되는 험상궂은 괴물이 마당을 가로질러 성큼성큼 안쪽으로 걸어 들어가는 것이었다.

병둥이는 대문 쪽에서 괴물의 뒷모습을 향해 활시위를 잡아당겼다. 괴물이 막 마루로 올라서려 할 즈음 화살이 날아가 괴물의 뒤통수에 박혔다. 난데없는 화살에 맞은 괴물이 비틀거릴 때 병둥이는 몽둥이를 들고 달려가 괴물의 머리통을 힘껏 내리쳤다.

과연 병둥이는 장사였다. 병둥이가 내리친 몽둥이에 괴물도 꼼짝없이 그 자리에 쓰러져버렸다.

이윽고 방 안에서 처녀가 나와, 쓰러진 괴물을 내려다보며 병둥이에게 감사의 인사를 하였다. 아직도 겁에 질려 있는 처녀의 눈에는 눈물이 가득 고여 있었다.

"이 괴물을 단단히 묶어놓읍시다."

병둥이는 괴물을 뒤뜰 뽕나무에 달아매었다. 일단 오늘 일은 끝난 것이다. 내일 날이 밝으면 그 괴물을 완전히 처치해 땅에다 묻어버리거나, 불태워버리면 그만이었다. 병둥이는 방에 들어와 자리에 누웠다. 그러고는 곧 코를 골며 깊은 잠에 빠져들었다.

그러나 괴물 역시 만만한 상대가 아니었다. 아침이 되어 자리에서 일어난 병둥이는 뒤뜰에 가보았다. 뽕나무에 매달려 있어야 할 괴물이 보이지 않았다. 뽕나무째 없어진 것이었다. 급히 방으로 돌아와보니 그 처녀도 보이지 않았다. 괴물은 뽕나무를 뿌리째 뽑은 채 처녀마저 데리고 가버린 게 틀림없었다.

병둥이는 집을 나서서 괴물을 찾기 시작하였다. 뽕나무 뿌리가 땅을 스쳐간 자국을 따라서 쫓아갔다.

한참을 가노라니 어떤 굴이 나타나고, 뽕나무 흔적은 바로 그 입구에서 없어졌다.

"그 괴물이 분명 이 굴속에 사는가 보다."

병둥이는 사람 하나가 겨우 드나들 만한 굴을 비집고 들어갔다. 들어가보니 놀랍게도 그 굴 안에 전혀 다른 세상이 펼쳐지는 것이었다. 매우 넓은 땅, 울창한 숲, 도도히 흐르는 강, 그리고 수많은 기와집이 웅장하게 늘어서 있었다. 병둥이가 세상에 나서 처음 보는 신비하고도 아름다운 곳이었다. 그러나 그래봤자 괴물이 사는 세상이었다.

병둥이는 어깨에 둘러멘 활을 한번 확인하고 허리에 찬 칼도 만져보았다. 이번에는 이놈을 결코 살려둘 수 없다고 단단히 다짐하였다.

그는 즐비하게 늘어선 기와집 중에서 가장 으리으리한 집을 찾아 들어갔다. 예상대로 그 집에 처녀가 갇혀 있었다. 처녀는 병둥이가 나타나자 몹시 반가워하였다.

"아, 장사님! 기어이 여기까지 찾아오셨군요!"

처녀는 괴물이 밖에 나가서 아직 돌아오지 않았다고 하였다. 처녀 말로는 그 괴물은 오랫동안 밖에 나갔다 오면 석 달 동안 내리 잠을 자는데, 그때를 잘 이용하면 죽일 수 있지 않겠느냐는 것이다.

병둥이는 처녀와 함께 괴물을 처치할 계획을 세웠다.

괴물이 돌아오는 날, 병둥이는 집 안 구석에 몸을 숨긴 채 괴물이 나타나기만 기다렸다. 저녁때가 되어, 드디어 괴물이 마당으로 성큼성큼 걸음을 옮기며 몸을 드러내었다. 괴물은 엄청난 양의 저녁밥을 먹고는 예정대로 곧장 그의 방으로 들어가 잠을 자기 시작하였다. 코 고는 소리가 천둥소리 같았다.

병둥이는 조심스레 칼을 갈기 시작하였다. 사람이 쓰는 칼로는 어림없겠으나, 예리하게 갈면 가능하리라 믿고 열심히 칼을 갈았다. 그렇게 한 달 동안이나 병둥이는 칼만 갈아 대었다.

드디어 병둥이는 괴물이 자는 방으로 들어갔다. 괴물이 코 고는 소리에 귀가 먹먹하였고, 몰아쉬는 숨결은 폭풍과도 같아 병둥이의 몸을 휘청거리게 하였다.

"이놈!"

병둥이는 온몸의 힘을 칼끝에 모아 괴물의 목을 내리쳤다. 그러나 괴물은 한번 몸을 뒤척여보더니 계속해서 잠을 잤다. 이번에는 괴물의 가슴을 향해 칼을 힘껏 내리꽂았다. 그래도 괴물은 끄떡없이 잠만 계속 자는 것이었다.

병둥이는 초조해졌다. 그러다가 그 괴물이 옆구리에 차고 있는 칼을 보게 되었다. 사람의 칼로는 안 되는 게 분명하니, 저 괴물이 쓰는 칼이면 되지 않을까? 병둥이는 조심조심 괴물의 옆구리에서 칼을 뽑아내는 데 성공하였다.

병둥이는 그 칼을 높이 쳐들었다가 괴물의 목을 온 힘을 다해 내리쳤다. 과연 툭, 하고 괴물이 목이 떨어지는 것이었다. 그런데 순간 떨어진 목이 휙 공중에 오르며 천장에 올라가 붙어버리지 않는가.

바로 그때, 처녀가 미리 준비해두었던 재를 한 가마 가져왔다. 병둥이와 처녀는 피가 철철 흐르는 그 괴물의 잘려진 목 부분에 재를 뿌렸다. 그렇게 하자, 천장에 붙었다가 내려와 다시 붙으려던 그 모가지가 재 때문에 붙지 못하고 방바닥으로 굴렀다. 괴물은 계속해서 시뻘건 피를 콸콸 쏟아내다가 끝내 목숨을 거두고 말았다.

괴물을 처치한 병둥이는 처녀와 함께 굴 밖 세상으로 나왔다.

처녀는 자기 집 식구들의 원수를 갚아준 병둥이의 은혜에 거듭거듭 감사의 말을 올렸다. 처녀는 집안의 남은 재산을 모두 병둥이에게 주었다. 일종의 청혼인 셈이었다.

결국 병둥이와 처녀는 서로 결혼하여 가정을 이루고 오래오래 행복하게 잘살았다.

노루 때린 막대

'노루 때린 막대 3년 우려먹는다'는 말이 있다.

큰 소를 때린 막대도 흔할 터인데 하필 노루 때린 막대기가 얼마나 구수하고 기름지길래 3년씩이나 달여 먹을 수 있었을까?

이 말이 생겨나게 된 이야기다.

옛날에는 충효사상이 무척 엄했다. 부모가 돌아가시면 상제는 큰 방립을 쓰고 상을 지켜야 하기 때문에 어디 나돌아다니질 못한다. 매달 초하루 보름은 삭망이라 해서 아침저녁으로 상식을 올려야 하고, 이렇게 석 달을 계속해야 졸곡(卒

魂)이 된다. 또한 상제는 그 기간에 고기 같은 것도 먹지 못하고, 무얼 함부로 죽이는 일도 전혀 할 수 없다. 이런 행위는 망자에 대한 큰 불효로 여겼고 관가에서도 엄격히 금지하고 있었기 때문이다.

어느 마을에서 한 상주(喪主)가 삭망제를 올리는 날이었다. 가까운 친구들도 몇몇 오고 해서 "아이고, 아이고!" 곡을 하면서 제를 지내는데, 난데없이 노루 한 마리가 나타났다. 겨울이라 눈이 많이 쌓이는 바람에 배고픈 노루가 먹이를 찾아 산 아래로 왔다가, 엉겁결에 상주의 집 마당으로 뛰어든 것이다.

"이거 웬 노루!"

노루는 좋은 사냥감이었다. 노루 피는 정력에도 그만이고 살코기도 맛이 있었다. 그런 노루를 보자 상주는 자기가 상주인 것을 잠시 잊고 말았다. 상주가 곡을 할 때 짚는 막대기인 방장대를 든 채로 뛰어나가, 배고픈 노루를 한 매에 때려잡은 것이다. 불쌍한 노루는 비명도 못 지르고 죽어버렸다.

귀한 노루를 잡았으니 술판이 벌어져야 할 판이다. 가까운 친구들만 몇 명 와 있으니 기회도 좋았다. 노루 피를 쓱쓱 나눠 마시고, 고기를 삶고, 막걸리를 안주로 질펀하게 술판을 벌이려는 순간이었다.

"웬 소란이냐?"

그간 외지에 나가 있던 동네 노인 한 사람이 모처럼 이 집 삭망제를 보겠다고 찾아온 것이다. 그런데 막상 제삿집 꼴을 보아하니 가관이 아닌가.

"상주 이리 오시오!"

상주가 쩔쩔매며 노인 앞에 다가와 고개를 숙였다.

"이 사람 참 잘한다. 너 상주 아니냐! 삭망 젯날에 살생을 하고 술판을 벌이다니. 이게 어디 부모 모시는 도리라고 할 수 있겠느냐!"

상주는 겁이 덜컥 났다. 말 그대로 상중에 살생을 한 셈이었다. 이 일이 알려져 관가에 붙들리기라도 하면 치도곤을 당할 게 뻔했다.

"죽을죄를 졌습니다요! 그저 엉겁결에 노루를 잡은 것인데, 상중에 살생을 하게 되다니 조상님을 뵐 면목이 없습니다요!"

동네 노인은 그래도 계속해서 꾸지람을 했다.

"사람이 사람 노릇 하지 않으면 저 죽은 노루와 다를 게 무엇인고? 내가 입만 벙긋하면……."

그러면서 노인은 상 위에 놓인 노루고기에 흘깃 눈길을 던졌다. 그때 상주는 이 노인이 평소 노루고기를 무척 좋아한다는 사실을 떠올렸다.

"어르신, 제발 이번 일만은 못 본 척해주십시오. 제가 한 상 푸짐하게 대접하겠습니다."

그러면서 상주는 노인을 위한 상을 따로 차리게 했다. 상에는 갓 잡은 노루고기며 맛좋은 청주며 각종 과일을 올리고, 곱디고운 흰쌀로 새로 밥을 짓고 생선국도 마련했다. 그야말로 진수성찬이었다. 노인은 입맛을 다셨다.

"어, 그럼, 이번 일만은 내 입 다물지. 오늘 일은 나밖에 모르니 말하지 않겠다."

"고맙습니다, 어르신."

그날 일은 그렇게 잘 마무리되었다.

그런데 그 후에도 노인은 잊을 만하면 또 찾아와 방장대로 노루 때린 일을 끄집어내곤 하는 것이었다. 술 생각이나 고기 먹고 싶은 마음이 생긴 탓이었다. 상주는 어쩔 수 없이 다시 상 차리고, 술 사다 먹이고, 다시 술 사다 먹이고 하면서 노인의 입을 막아야 했다. 그러기를 3년, 부모상이 삼년상이니 탈상할 때까지 노인은 틈만 나면 노루 때린 막대 사건을 들먹이면서 잘 우려먹었다는 이야기다.

천년서

    옛날에는 과거시험 1차에 합격하든가 시골 부잣집 자제가 어느 정도 공부를 마치면 서울에 올라가 태학 공부를 해야 했다. 태학은 성균관을 일컫는 말이기도 하다. 거기서 몇 년 공부를 하려면 양반의 자식이 아니면 안 되고, 부호가 아니면 안 되고, 또한 자신도 재주가 있어 준수(俊秀)한 자라야 한다.

    어느 시골에 부잣집이 있었다. 이 부잣집 노인은 4대 독자였으니 대를 이을 아들이 없어 고민이 말이 아니었다. 절후(絶後)를 막기 위해 유명한 지관을 청하여 간청하기를,

"부디 일대천손지지(一代天孫之地) 하나만 구해주십시오."
하였다. 한 대(代)에 1,000명의 자손을 거느릴 수 있는 명당을 구해달라는 부탁이었다. 지관은 거금을 받고 이른바 일대천손지지를 골라주었다. 바로 이 자리에 노인의 부친 묘를 이장하자, 과연 얼마 지나지 않아 아들이 태어났다. 5대 독자가 태어난 셈이었다.

오대 독자인 이 아들은 어려서부터 영특하였다. 서당에 가서 하나를 들으면 즉시 열을 알아차릴 정도였다. 그래서 노인은 이 아들을 일단 결혼시킨 후 서울로 보내 공부를 계속하게 하였다. 공부도 공부지만 속히 손(孫)을 얻기 위함이었다. 노인은 며느리를 별당에 귀히 모셔놓고, 아들은 성균관에서 공부하는 틈틈이 내려와 부인과 함께 지내다 가곤 하였다.

이 아들은 성균관에서 공부를 하는데 재주가 절륜하였다. 무엇이든 가르치면 금방 알아들어 삼경이든 사서든 모든 분야에 무불통지였다. 성균관 총책임자인 대사성도,

"하아, 이놈 재주는 틀림없다."
라며 호감을 드러내기도 하였다.

이 아들은 부잣집 5대 독자라 모든 면에서 서울 선비보다 떨어지지 않았다. 인물도 좋고 재주도 뛰어날 뿐 아니라 의

복도 늘 제일 좋은 것으로 입었다. 시골에 있는 각시가 철마다 마련해서 올려 보내고 하니 서울 선비들이 모두 부러워할 지경이었다.

그런데 호사(好事)면 다마(多魔)이기도 한 것이다.

당시 서울에 천 년 묵은 쥐, 천년서(千年鼠)가 있었다. 둔갑술에 능한 이 천년서는 공교롭게도 부잣집 아들이 묵고 있는 집 안을 구석구석 돌아다니고 있었다.

천년서는 아들이 묵는 상방 천장에서 아들이 읽는 글을 그대로 따라 읽고, 아들의 하는 말을 그대로 따라 중얼거리고, 아들이 하는 행동을 그대로 따라 흉내 내었다. 그러다보니 아들의 학식이 고스란히 이 수컷 천년서에게 옮겨졌다. 천년서가 사람으로 확 둔갑하면, 그야말로 이 부잣집 아들과 똑같은 아들이 하나 더 생기는 것이나 마찬가지였다.

아들은 성균관 공부를 마치고 고향으로 돌아오게 되었다. 읽던 책들과 의복들을 다 짐으로 묶고, 성균관 선생들과 하직하고, 벗들과도 작별의 술잔을 나눠 마신 뒤 아들은 고향으로 향하기 시작하였다.

"벗님네들, 다시 만나세."

이때 천년서가 한발 앞서 아들의 고향으로 간 것이다.

책들 걸머지고 옷도 각시가 보낸 옷으로 갈아입고 집에

도착하니 아버지, 어머니, 각시가 한꺼번에 뛰어나오며,

"아이구, 잘 왔다. 잘 왔어."

하고 반기는 것이다. 객지인 서울에서 몇 년 공부를 다 마치고 돌아왔으니 오죽이나 기쁠 것인가.

"아버지, 어머니, 그간 잘 지내셨습니까?"

"우리야 잘 지낸다마다. 네가 참으로 장한 일을 하였다."

"그런데 아버지 어머니께 드릴 말씀이 있습니다."

"어서 말해보려무나."

"서울에 천 년 묵은 쥐, 천년서가 있습니다."

"천년서? 그런 쥐가 다 있단 말이냐?"

"하필 제가 사는 집에 이 천년서가 숨어 살았는데, 둔갑에 능한 놈이라 제가 하는 언행을 그대로 배웠나봅니다."

"저런! 그런 몹쓸 쥐가 다 있다니!"

"그 천년서가 제 뒤를 따라오고 있습니다."

"에잇, 그 무슨 해괴한 일인고?"

"이제 곧 이 집에 도착해, 제가 마치 이집 아들인 체 행세를 할 게 틀림없습니다."

"그런 괘씸하고 무도한 쥐라니!"

"이놈을 당장 때려죽이지 아니하면, 이 천년서 때문에 우리 집이 아주 망하게 될지 모릅니다."

이렇게 천년서가 마구 지껄이니 그 아버지와 어머니, 각

시는 놀란 가슴을 진정하지 못하였다.

다행히 부잣집이라 종들이 여남은 명 득실득실하여 노인은 이들에게 명하였다.

"우리 아들로 둔갑한 천년서가 곧 이리로 온다 하니, 너희가 가서 때려잡아라!"

"예이!"

종들은 모두 묵직한 몽둥이를 들고 집밖으로 나가, 이 집 아들로 둔갑하고 온다는 천년서를 기다렸다. 잠시 후 아닌 게 아니라 이 집 도령을 꼭 닮은 이가 보따리를 들고 주왓주왓 오는 것이었다.

"이놈이 바로 그 쥐놈이렷다!"

힘센 종들은 아들한테 모두 달려들어 몽둥이로 무자비하게 패기 시작하였다. 아들이 죽는다고 비명을 질러대었다.

"이놈 나쁜 쥐놈!"

"아주 죽여버려!"

피를 철철 흘리고 곧 죽을 듯이 신음하며 아들은 이 어이없는 사태를 겨우 이해하였다. 그놈의 천년서가 자기로 둔갑하고는 이 집에 먼저 당도한 게 틀림없었다.

"잠깐! 내가 누군 줄 알고 이러느냐?"

"너 쥐 아니냐?"

"내가 어찌 쥐가 될 리 있겠느냐?"

"우리 집 도련님이 천 년 묵은 쥐가 사람으로 둔갑해 이리로 온다 하였으니 틀림없는 노릇 아니냐?"

"아 그놈의 쥐가 내게 무슨 원한이 있길래⋯⋯."

몽둥이로 얻어맞는 중에도 공부가 깊은 아들은 우선 정신을 바싹 차리기로 하였다. 사태가 이 지경이면 일단 물러서는 게 상책인 것이다. 집에 돌아가봐야 일이 쉽사리 해결될 가망이 희박하였다. 그래서 아들은 책짐이고 뭐고 다 버려둔 채 온힘을 다하여 종놈들로부터 도망치기 시작하였다.

부잣집 5대 독자로 귀한 대접을 받으며 공부나 열심히 해 온 도령이었다. 어디로 갈 것인가. 그래도 어디든 집으로부터 멀리 떨어진 곳으로 가야 했다. 아들은 지향 없이 발걸음을 옮겼다. 어디로 가는지 자신도 알 수 없었다. 그저 발길이 닿는 곳 아무 집에서든 식은 밥 한술, 때로 더운밥 한술 얻어먹고 하면서 차츰 산속 깊이 들어가게 되었다.

깊은 산속이니 인가가 있을 리 없었다. 인가도 없으니 더운밥이든 식은 밥이든 요기를 할 가망도 없었다. 딱 굶어 죽게 된 것이다.

"이제 죽는구나. 산천이 다 되었구나."

이렇게 탄식하며 아들은 계속 걸었다. 그런데 산속인데 깊이깊이 들어가다보니 어디선가 풍경소리가 나는 게 아닌

가. 풍경소리가 난다면 집이 있다는 증거였다. 그것도 네 귀에 풍경을 달 정도라면 좀 사는 집일 게 분명하였다.

'이상한 노릇이다.'

아들은 풍경소리가 나는 곳으로 차츰차츰 다가갔다. 그랬더니 이윽고 큰 기와집이 한 채 나타나는 것이다.

"사람이 사는구나!"

아들은 반가움에 이 생각 저 생각 할 겨를도 없이 그 집으로 냅다 들어갔다. 마당에는 풀들만 무성하고 인적은 전혀 없었다. 그러나 이미 죽을 지경에 이르렀으니 무섭다는 느낌도 들지 않았다.

집 안을 이곳저곳 둘러보니 곳간에 곡식은 많이 쌓여 있었으나 역시 사람은 보이지 않았다. 아들은 방마다 문을 열며 사람이 있나 없나 살펴보기 시작하였다. 그러다가 어떤 방에 이르자 사람이, 그것도 한 처녀가 엎어진 채 죽은 듯 기절해 있는 게 아닌가. 아들은 처녀의 몸을 흔들어 깨웠다.

"이보시오, 좀 일어나보시오."

처녀가 부스스 일어나며 입을 열었다.

"당신은 어떤 분이시기에 이 집에 오셨습니까?"

아들이 보니 20세 전후의 처녀였다.

"난 저기 한 시골 사는 사람인데, 산중 구경을 하다가 이곳까지 오게 되었소. 먹을 거나 좀 얻어먹으러 들어오니 이렇게 사람이 죽은 듯 엎어져 있길래 깨운 것이오. 대체 어찌된 일입니까?"

"당신은 여기 잘못 오셨습니다. 이제 당신은 죽습니다, 죽어요."

"죽다니? 왜 죽는다는 말이오?"

놀란 아들이 되묻자, 처녀가 울먹이며 설명하는 내용은 이런 것이었다.

원래 이 집은 정승을 지낸 아버지의 본댁으로 그야말로 고로거각이었다 한다. 집밖에는 아름드리 팽나무가 여러 그루 서 있고 처마 네 귀엔 풍경을 달아 바람이 불면 청아한 풍경소리가 10리 밖에까지 퍼졌다.

정승댁은 집안 사방의 벽마다 범같이 무서운 다섯 명의 장군인 관우(關羽) · 장비(張飛) · 조운(趙雲) · 마초(馬超) · 황충(黃忠) 등 오호장군의 초상을 그려 도배하였다. 그런데 세월이 오래 흐르자, 이 초상들이 어느 순간 둔갑하여 도채비가 되어버렸다는 것이다. 도채비가 된 오호장군들은 서로 맞붙어 매일처럼 싸움만 하였다. 그 와중에 이들 장군들은 하루는 아버지를 잡아가고, 하루는 어머니를 잡아가고, 그러고는 어디론가 가서 죽여버리고 하면서 이 집 식구들을 하나씩 처치하고 말았다. 마지막 남은 사람이 바로 처녀 자신이라며 오늘이 바로 자기가 잡혀갈 날이라고 울먹이는 것이다.

"사(邪)가 들었군."

처녀의 이야기를 듣고 아들이 중얼거렸다. 경학서를 많이 읽은 아들로서는 도채비가 된 오호장군쯤이야 경서 몇 줄이면 쫓아낼 수 있을 것 같았다.

"내가 이 일을 해결해주겠소."

"아니, 어떻게요?"

"처자는 내 하는 걸 구경만 하시오. 어디 고추 없소?"

"고추는 있습니다."

아들은 처녀가 가져온 고추를 마당 가운데 놓은 뒤 불을 피웠다. 밤은 깊어 서늘한 바람이 불어오고 있었다.

아들은 담배 한 대를 턱 피우고 앉아 낭랑하게 무엇인가를 읊조리기 시작하였다.

"천명지위성이요."

입에서 나오는 대로 말하니 『중용』 첫 구절이다. 아들은 곧 뒤를 이어 경문을 계속 이어나갔다.

"솔성지위도요, 수도지위교라."

밤이 무르익으니 사방은 깜깜한데 갑자기 문간이 훤하였다. 우글우글 시끄럽더니 웬 우람한 장수들이 모습을 드러내었다. 그 뒤로는 졸병들이 무수히 따르고 있었다. 이른바 도채비가 된 오호장군과 그 휘하 군사들이었다.

"마당에서 무슨 냄새가 나는구나."

"무슨 냄새냐?"

"아, 고추 냄새!"

"글 읽는 소리도 나는 것 같다."

"뭐라고 읽는 것이냐?"

아들은 때맞춰 『중용』 구절을 소리 높여 읊었다.

"도야자, 불가수유리야. 가리, 비도야."

"무슨 말이지?"

"시고, 군자계신호기소불도, 공구호기소불문."

"저게 우리 쫓는 주문 아니냐?"

"막현호은이요, 막현호미로다."

"와, 저놈이 우리 정체를 아는 것 같구나."

문간에 선 채 마당으로 선뜻 들어가지도 못하는 장군들은 서로 얼굴들만 쳐다보았다. 아들은 더욱 소리 높여 읊었다.

"고군자신기독야!"

그러면서 아들은 두 손바닥을 딱 딱 쳤다. 장수들이 움찔하였다.

"안 되겠다. 돌아가자."

오호장군 도채비들은 몸을 확 돌려 철수를 결정하였다.

장군들이 떠나자 그들을 따라온 군사들도 한꺼번에 사라지고 말았다. 경학문을 읊조리면 도채비들은 그곳을 범(犯)

할 수 없는 것이다.

처녀는 이 놀라운 장면을 숨어서 구경하다 스스로 기에 눌려 기절해버렸다.

아들은 처녀의 뺨을 토닥거리며 정신을 수습하도록 하였다. 처녀가 게슴츠레 눈을 떴다.

"장군들은요?"

"다 쫓아냈소. 이젠 아무 일도 없을 거요."

과연 밤이 다 새도록 장군들은 다시 돌아오지 않았다.

이리하여 그 큰 기와집에서 아들은 자연스레 처녀와 함께 살게 되었다. 아들은 이미 결혼하여 부인이 시골에 있는 처지였지만, 스무 살 난 처녀와 함께 같은 집에서 살아가려니 부부처럼 될 수밖에 없었다.

금덩어리에, 은덩어리에, 갖은 곡식더미에, 없는 게 없는 집에서 참으로 편안하게 보내는 일상이었다. 처녀의 아버지가 오랫동안 정승을 지내다 낙향하여 대대손손 물리며 살 집으로 지은 저택이었다. 부족한 것 없이, 걱정도 없이 두 사람은 오순도순 잘살았다.

그러다가 어느 날인가부터 아들은 슬슬 근심이 일기 시작하였다. 고향집이 그리워지는 것이다. 수심이 깊어지자 여자가 낌새를 채게 되었다.

"당신, 무슨 근심이라도 있습니까?"

이렇게 물으니 대답하지 않을 수 없었다. 아들은 그간의 사정을 소상히 설명하였다. 그놈의 천년서가 둔갑하여 원래 아들인 자기가 쫓겨났다는 데 대해서는 여자도 함께 분노하였다.

"그 일은 제가 처리할 방도를 압니다."

"당신이 방도를 안다고? 천 년 묵은 쥐, 천년서를 어떻게 잡아?"

아들이 의심하자 여자는 천년서를 쫓을 방도에 대해 자세하게 설명해주었다.

이곳에서 두 참쯤 더 산속으로 들어가면 여승들만 있는 절이 있다고 한다. 비구니 100명만 모여 그 절에서 채소며 두부며 스스로 모든 걸 해결하면서 살아가니 이를 아는 사람들이 거의 없다는 것이다. 여자는 아들한테 그곳을 찾아가라고 하였다. 생전 남자라고는 본 적이 없는 비구니들이니 분명 대단히 반가워할 것이고, 그 절에서 맘에 드는 여승과 함께 한 달이고 두 달이고 지내다보면 일이 잘 해결될 것이라는 것이다.

"쥐가 무서워하는 게 뭐죠?"

여자가 물으니 아들이 대답하였다.

"고양이지."

"그 절에 백괴가 있답니다."

"백괴라면, 흰 고양이란 말이오?"

"그래요. 하얀 고양이."

"절에서 고양이를 키우고 있다는 말이오?"

"살아 있는 고양이가 아니라, 연적(硯滴)입니다. 하얀 고양이를 닮은 연적."

"아하!"

"그 백괴 연적이 쥐를 쫓는 데 영검이 있습니다. 아무리 천 년 묵은 쥐일지라도."

"그런 귀한 걸 함부로 내줄 리 있소?"

"그러니 당신이 그 여승들과 잘 지내야 합니다. 잘 지내고 돌아올 때 선물로 그걸 받아오는 것이지요."

여자는 서둘러 그 절로 가자고 아들을 부추겼다.

다음 날 여자는 아들을 앞세우고 산속으로 들어갔다. 그러고는 절이 있는 곳을 알려주고는 자기만 돌아왔다. 아들 혼자서 그 절에 있다는 백괴를 어떻게든 가져와야 하는 것이다.

"이보시게들!"

아들은 절문으로 들어섰다. 남자라고는 꼴을 보지 못하던 여승 100명이 한꺼번에 아들한테 시선을 모았다. 한눈에

보기에도 참 잘생긴 남자가 금남구역에 떡 들어서니 난리가 날 수밖에 없었다.

"남자가 괜히 이 산중에 올 리 없다. 오직 우리를 보고 온 것이다."

음양이란 조화가 무궁한 노릇이었다. 비구니들 모두가 한 마음으로 남자를 잘 모시다보니, 얼마 지나지 않아 전부 아들의 각시가 돼버린 것이다.

아들은 100명의 여승들을 각시로 삼고 몇 달인지 모를 꿈 같은 세월을 보내었다. 그러다가 문득 여기 온 목적이 떠올랐다. 백괴를 가지고 고향으로 돌아가야 하는 것이다.

"나는 시골에 볼일도 볼 겸 잠시 다녀와야 하겠소."

"가시다니요? 언제 다시 오시렵니까?"

"곧 다시 올 것이오."

여승들은 몹시 섭섭해하며 이것저것 이별의 선물들을 준비해주었다. 아들은 말했다.

"정성은 고마우나, 이런 건 다 필요 없소."

"그럼 무엇을 원하십니까?"

"저 연적이나 좀 빌려주시오."

"아, 그 연적은 빌려드리기 어렵습니다."

"어째서 그렇소?"

"이 산중에 괴수들이 많습니다. 곰도 있고, 호랑이도 있고,

괴물 같은 너구리, 여러 해 묵은 여우 등등…… 이들을 쫓아
내는 데 이 백괴가 있어야 합니다."

"내가 지내던 몇 달 동안은 괴수가 나타나지 않았잖소?"

"그건 그렇습니다만, 언제 또 나타날지 알 수 없으니 이게
없으면 위험합니다."

"나는 그저 잠시 다녀올 것이오. 빌려주시오."

"그래도 이게 없으면……."

여승들은 백괴만은 정말 소중히 여기는 것 같았다. 그러
나 사랑하는 남자가 자꾸 요청하니 계속 거절하기도 어려운
노릇이었다.

"잠깐 사용했다가 곧 돌려줄 것이니 걱정 마시오."

"정 그러시다면……."

여승들은 서로 의논하여 남자에게 잠시만 빌려줄 것을 결
정하였다.

"고맙소. 내 은혜 잊지 않겠소. 가는 즉시 돌아오리다."

아들은 백괴 연적을 들고 먼저 여자가 살고 있는 기와집
으로 갔다. 여자는 남자가 고향에 갈 때 입을 도복을 한 벌
지어놓았다. 소맷자락이 큰 도복이어서 백괴를 그 안에 감추
어놓기에는 안성맞춤이었다.

"이제 집으로 가세요. 천 년 묵은 쥐인들 이 백괴만 던지

면 고양이 앞에 쥐 꼴이 될 것입니다."

"알겠소."

"그런데 당신이 집으로 가서 천년서를 쫓아내고 평화롭게 되면 저를 어찌하시렵니까?"

여자의 고민은 바로 그것이었다. 아들은 즉시 대답하였다.

"당신 덕에 천년서를 쫓아낸다면 그 은혜 어찌 잊을 수 있겠소. 아무 날 아무 시에 찾아오리다."

"명심하시겠습니까?"

"명심하겠소."

"만약 돌아오지 않으시면 전 죽어버릴 것입니다."

여자는 입술을 자근 깨물었다. 아무리 시골 산중에 살고 있다 한들 재상가의 딸이란 역시 함부로 볼 것이 아니었다.

"곧 만나게 될 터이니 염려 놓으시오."

아들은 여자를 안심시켰다.

도복 안에 백괴를 감춘 아들이 시골로 내려갔다. 자기 집을 향해 가는데 천년서가 천기를 보고 또 이를 알아차렸다.

천년서는 부리나케 부모 방을 찾아들었다.

"아버지, 어머니, 큰일 났습니다. 먼젓번 종놈들 데려다 때려죽이라 했는데, 그 천년서가 살아 돌아오고 있습니다. 지금 5리 안에 들었으니 빨리 가서 죽여버리지 않으면 집안에

흉사가 있을 것입니다."

놀란 부모가 다시 종들을 모두 동원하였다.

"그놈의 쥐를 이번에 반드시 때려잡고 오라!"

"예이!"

종들은 각기 몽둥이를 들고, 술도 한잔씩 걸치고 나섰다. 가만히 지켜보고 있으니 과연 한 녀석이 주왓주왓 이리로 오고 있었다. 책짐은 없는 대신 도복자락만 펄렁펄렁하였다. 종들이 한꺼번에 아들한테 달려들며 외쳤다.

"때려 죽여라!"

아들은 손을 길게 내밀며 종들의 습격을 멈추게 하였다.

"이놈들아, 우선 내 말을 들어보아라."

"요사스런 쥐놈이 무슨 할 말이 있다는 거냐?"

"실은 내가 그 집 아들이다. 5대 독자인 그 집 아들이 바로 나다."

"어떻게 그걸 증명할 수 있나?"

"일단 집으로 가자. 가서 내가 그 집 아들임을 증명해 보이겠다. 증명하지 못하면 그때 죽여도 되지 않겠느냐? 네놈들 수효가 얼마인데 나 하나 때려죽이지 못하겠느냐?"

"그건 그렇지."

"지금 그 집 아들이라고 하는 놈이 바로 천년서, 천 년 묵은 쥐놈이다."

"그럴 리가……?"

종들이 모여서서 의논하였다. 이를 어찌하면 좋을까. 만의 하나, 이 도령이 진짜 주인댁 아들이라면 결국은 자기네 목숨도 위태로울 터였다.

늙은 종 하나가 입을 열었다.

"너희 내 말 좀 들어보라. 원래 서울 태학에 가서 공부하던 주인댁 도련님은 인정이 있으셨다. 집에 잠시 들르러 오시면 고기를 구워놓는데, 도련님은 반만 드시고 반은 나한테 나눠주셨어. 날 늙은 종이라고, 불쌍하다고 위해주셨던 거야. 그런데 이번 도령이라는 자는 날 주기는커녕 뼈까지 혼자 다 씹어 먹어버리더군."

"그래. 왠지 인정머리가 없어."

듣던 종들이 하나둘씩 주인댁 아들이 전과 다른 점들을 이야기하였다.

"한번 시험해보는 게 좋을 것 같지 않아?"

늙은 종이 이야기를 종합하여 제의하자, 종들이 모두 동의하였다.

"그러지 뭐. 만약 아니면 그때 당장 이 몽둥이로 해결해도 되니까."

"좋아. 우린 무조건 쥐만 잡으면 돼. 사람을 때려잡아선 안 되지, 암."

종들은 아들을 앞세우고 집으로 갔다. 집으로 들어서니 천년서가 멀쩡하게 서서 아들을 바라보았다. 저게 맞아 죽지 않고 살아오다니 어찌 된 노릇이냐, 의아한 표정이었다.

"이놈들아, 저게 천년서라지 않느냐! 빨리 몽둥이로 때려 잡을 일이거늘!"

천년서가 이렇게 외치는 사이, 아들은 소맷부리 안에 감춰둔 백괴 연적을 꺼내 들었다.

"이 늙은 쥐야, 이거 받아라!"

소맷부리에서 나온 백괴는 당장 하얀 고양이로 변하여 천년서를 향해 돌진하였다. 굶주린 고양이가 먹음직스런 쥐를 발견한 것이다.

하얀 고양이가 달려들자 천년서는 후닥닥 도망치기 시작하였다. 마당을 빠져나와 안채 쪽으로, 다시 바깥채 쪽으로 우왕좌왕 갈피를 잡지 못한 채 내달렸다. 그러나 고양이한테는 가소로운 짓일 뿐이었다. 고양이는 기회를 놓치지 않고 천년서한테 달려들어 콱 물어 잡았다. 고양이에게 잡히는 순간 천년서는 본색을 드러내었다. 천년서의 꼬랑지가 파르르 떨고 있었다. 백괴가 호통을 친다.

"너 이놈, 둔갑을 하더라도 짐승은 짐승대로 살고 사람은 사람대로 살아야 할 터인데 어찌 이런 변고를 일으켰느냐? 아직 둔갑술이 부족한데도 함부로 조화를 부리면 이렇듯 만사가 헝클어지는 법이다. 벌을 받아 마땅하다!"

하얀 고양이가 천년서를 잡아 물고 이리저리 젖히며 패대기쳤다. 천년서는 그만 꼴깍 기절했다가 그대로 죽어버리고 말았다.

아들은 이 과정을 지켜본 후 안으로 들어갔다.

"아버지, 어머니, 이 집 아들인 제가 왔습니다."

부모는 이제야 아들을 아들로 알아보고는 가슴을 쓸어내리는 것이었다.

"아이고, 누가 저놈을 쥐로 알았겠느냐? 정말 그렇게 깜박 속을 수도 있다니 원. 이 모두 산천을 잘 쓴 덕인 것 같다."

하긴 그 아버지인 부잣집 노인이 유명한 지관에게 거금을 주고 일대천손지지를 구해 조상 묘를 쓰지 않았는가. 귀하게 얻은 5대 독자를 아버지가 나서서 죽일 뻔한 일이어서 돌이켜보기도 섬뜩하였다.

그런데 아들의 부인인 이 집 며느리 꼴이 말이 아니게 되었다. 그간 쥐와 함께 살지 않았는가 말이다. 쥐의 새끼들도 대여섯 낳았으니 창피도 이만저만한 창피가 아니었다. 앞으로 어찌 얼굴을 들고 다닐 수 있으랴. 이렇게 생각한 며느리는 뒤뜰로 달려가서 나무에 목을 매었다. 차라리 죽는 게 낫다는 판단에서였다. 아들은 그럴 줄을 예상하고 있던 터라 황급히 달려가 부인을 나무에서 내려놓았다.

"당신 잘못이 아니오. 아버지 어머니도 모르고, 일가친척들도 모르고, 하물며 종놈들도 몰랐던 일이니 어찌하겠소."

아들의 자상한 배려 덕분에 며느리는 죽다가 살아났다. 그걸 확인한 백괴는 자기 할 일을 마쳤다고 여기고 순식간에 휙 사라졌다. 스스로 여승들만 모여 사는 그 절로 가버린 것이다.

동네 사람들은 마을 공터에 짚단을 깔고, 죽은 천년서와 그가 뿌린 씨앗인 쥐새끼 대여섯 마리도 함께 모아 깡그리 불살라 없애버렸다.

저간의 사정이야 혼란스러웠으나 이젠 원래 부부가 함께 한집에서 살게 되었다. 살다보니 그럭저럭 사이도 다시 좋아지는 것 같았다.

어느 날 남편은 부인에게 말하였다.

"사실 내가 이렇게 살아 돌아오게 된 건 한 처녀 덕분이오."

"그렇습니까? 어떤 처자인가요?"

아들은 산중에 홀로 살며 오호장군 도채비한테 잡혀가 죽을 날만 기다리던 그 여자 이야기를 자세히 들려주었다.

"그러시다면 약조를 지키셔야 합니다. 어서 가서 데려오십시오."

산중의 여자를 데려가겠다고 약속한 아무 날 아무 시가 임박하였다. 사정을 전해 들은 아버지, 어머니도 거들었다.

"천리마를 타고 가서 그 사람을 데려오라."

바람보다 빨리 달리는 말을 타고 아들이 그 산속 기와집에 당도하니, 여자는 사방에 불을 켜놓고 이제 막 죽으려는 순간이었다.

"왔소! 내가 왔소!"

조금만 늦었어도 여자는 황천에 가 있을 아슬아슬한 순간이었다. 천행으로 살아난 여자를 데리고 아들은 집으로 돌아왔다. 그 많은 곡식들은 가져갈 수 없으니, 금덩어리 · 은덩어리를 여러 마리 말 등에 싣고 돌아왔다. 부잣집은 더욱 부자가 되었다.

원래 부인은 큰부인이 되고 산중의 여자는 작은부인이 되어 부지런히 자식농사를 지었다. 아들딸들이 많이도 생겨났다. 4대 독자, 5대 독자로 간신히 이어지며 손이 귀했던 집안이 수많은 아이들 울음소리, 웃음소리로 왁자지껄하였다.

편안히 잘살아가던 어느 날 작은부인이 아들한테 말했다.

"일전의 그 절간에 우리가 가봐야 하지 않겠습니까? 여승들의 절에 있는 백괴 덕에 우리가 이렇게 편히 잘살게 되었는데 말입니다."

"그렇군. 같이 가봅시다."

아들과 작은부인, 거기에 큰부인까지 동행하여 세 사람이 산중의 비구니 절로 가보았다.

절에 도착하여 보니, 웬 글 읽는 소리들이 왁자하게 들리는 것이었다.

"이 산중에서 무슨 놈의 글을 읽는고?"

일행이 안으로 들어가자, 그 절간 여승들이 남자를 알아보고는 놀랍게도 자기 아이들한테마다,

"저기, 네 아버지 오셨다."

"저분이 네 아버지시다."

"인사드려야지, 아버지한테."

하는 게 아닌가.

그랬더니 100명도 넘는 조무래기들이 하나같이 아들 앞에 엎드리며,

"아바지, 아바지."

절을 하는 것이다.

아들은 물론 두 부인도 기가 막혀 말문이 열리지 않았다.

집으로 가서 아버지한테 이 사실을 아뢰니, 워낙 부잣집 노인인데다 이는 손이 귀한 집에 대단한 경사라 여기고는

"모두 데려오라."

호쾌하게 허락하였다.

절집의 조무래기 아들들은 물론 그 어미인 여승들까지 모두 불러들였으니, 이 집안은 그야말로 한 마을을 이룰 정도였다 한다.

지관이 정해준 일대천손지지란 과연 영발이 센 명당이었던 것이다.

그러나 비록 그 산천 기운에 힘입어 일대에 천손을 거느리긴 하였으나 그냥 쉽사리 이루어진 건 아니었다. 천년서라는 의외의 장애를 만나 아들이 기구한 방랑생활로 위태한 일을 겪어야 비로소 생험하게 된 것이니, 무릇 세상일이란 그러함을 알 수 있다.

은혜 갚은 쥐

한 머슴이 있었다. 부엌에 자주 드나들다보니 쥐 한 마리가 있는 걸 알았다. 새끼 쥐였다. 머슴은 새끼 쥐가 나타나면 불쌍하다고, 잡지 않고 되레 먹을 걸 주곤 하였다. 아궁이 근처에 있으면 쌀을 주고, 솥 위에 앉으면 밥을 주었다. 새끼 쥐는 머슴이 주는 먹이를 받아먹으며 몸집이 날로 커져갔다.

그러던 어느 날 쥐가 보이지 않았다.

'클 만큼 컸으니 스스로 먹을거리를 찾아 어디론가 간 것이겠지.'

머슴은 그렇게 생각하고 쥐에 대해서는 곧 잊어버렸다.

머슴은 열심히 일하였으나 주인의 눈에는 들지 못한 모양이었다. 사소한 일로 트집을 잡아 주인은 머슴에게 실행하기 힘든 벌을 주었다.

"배나라로 가서 금으로 된 퇴침을 가져오라."

금으로 된 퇴침(退枕)을 어디서 어떻게 구한단 말인가. 퇴침은 서랍이 달린 목침인데, 나무 대신 금으로 만든 베개를 요구하는 것이다. 머슴은 주인에게 물었다.

"배나라가 어디 있는 곳인가요?"

"쥐구멍으로 들어가면 찾을 수 있다."

기상천외한 벌이었다. 사람이 어찌 쥐구멍으로 들어갈 수 있을까. 아마도 주인은 이 기회에 머슴을 아주 쫓아내려는 것 같았다.

머슴의 고민이 깊어졌다. 쥐구멍으로 들어가 배나라를 찾아야만, 거기서 다시 금으로 된 퇴침을 구해올 수 있다니 말이다.

매일처럼 머슴은 쥐구멍만 들여다보고 있었다.

어느 순간 번쩍 좋은 생각이 떠올랐다. 쥐구멍 앞에다 그럴듯한 먹이를 놓아두는 것이다. 먹이 냄새를 맡은 쥐들이 나올 것이고, 그 먹이를 끌고 들어갈 터이니, 자기는 그 길만 죽 따라가면 쥐구멍 속으로 통한다는 배나라를 찾을 수 있지 않겠는가.

머슴의 예상은 적중하였다. 쥐구멍 앞에 맛좋은 반찬을 놓아두자 곧 쥐들이 몰려나온 것이다. 반찬이 좀 커서 여러 마리 쥐들이 동원되어 쥐구멍을 갉으며 공간을 넓히었다. 적당한 크기가 되자, 쥐들은 반찬거리를 물고 쥐구멍으로 끌고 들어가기 시작하였다. 그 뒤를 머슴도 따라 들어갔다.

한참 만에 쥐구멍을 빠져나오니 듣도 보도 못하였던 쥐들만의 세상이 좍 펼쳐졌다.

"아, 이런 곳이 다 있구나!"

쥐들은 자기들 뒤를 쫓아온 머슴을 그제야 발견하고 쥐들 나라 임금한테 데려갔다. 쥐나라 궁전에서 임금쥐를 마주하자, 임금쥐가 먼저 머슴을 알아보았다.

"우리 큰 상전님이 오셨군요. 내 어려서 배고플 적에 한 부잣집 부엌에서 살았는데, 그때 저한테 쌀이며 밥이며 늘 먹을거리를 주시던 분이 바로 상전님이십니다."

머슴은 놀랐다.

"그때 부엌에서 내가 주던 먹이를 잘 받아먹던 새끼 쥐가 이렇게 쥐들 나라의 임금이 되었단 말이냐?"

"그렇습니다. 그 시절 상전님이 아니었다면 저는 진즉에 사람이나 고양이한테 잡혀 죽어버렸을 겁니다. 그 은혜를 어찌 잊을 수 있겠습니까?"

머슴은 좋은 기회라 여겼다. 이 임금쥐한테 부탁해보면,

혹시 배나라의 금퇴침을 구할 수 있을지도 모르는 일이었다.

"우리 집주인이 명하기를, 배나라에 가서 금베개를 구해 오라 하셨다. 이를 어찌하면 좋겠느냐? 무슨 수가 없겠느냐? 당장 금베개를 구하지 못한다면 난 이 집에서 영영 쫓겨날 판이다."

"그거야 쉬운 일입니다. 임금인 내가 명하면 그런 일쯤은 아무것도 아니니, 그저 여기서 편안히 몇 달 지내시다보면 다 알 수 있을 것입니다."

하면서 임금쥐는 주위 신하들을 불러 여차저차하라고 명하였다.

쥐나라 임금의 상전님 노릇을 하며 머슴은 몇 달 동안 정말 편안한 하루하루를 보내었다. 고기며 떡이며 밥이며 주는 대로 원 없이 배불리 먹고, 좋은 옷으로 갈아입고, 오늘은 이놀이판에 내일은 저 춤판에 끼여 어울리며 생전 겪어보지 못한 호강을 한껏 누리었다.

그동안 임금의 명을 받은 쥐들은 배나라로 잠입하였다. 금으로 된 퇴침이 어디 있는지 쥐들은 훤히 꿰고 있었다. 아무리 깊은 곳에 감춰둔 보물도 쥐들은 다 알아챌 수 있기 때문이다.

쥐들은 이빨을 세우고 금베개 있는 방의 밑 부분을 갉아대기 시작하였다. 수십 마리 쥐들이 한꺼번에 갉아대니 방의 구멍이 크게 뚫렸다. 바로 그 구멍으로 금으로 만든 퇴침이 툭 떨어지는 것이었다.

쥐들은 그 금베개를 임금에게 바쳤고, 쥐임금은 이내 머슴에게 건네주었다.

"바로 이것이 상전님 주인이 찾아오라는 금으로 만든 퇴침입니다. 가져가십시오."

머슴은 금베개를 가지고 돌아와 주인에게 바쳤다. 주인도 놀라면서 이후 머슴을 함부로 대하지 못하였다 한다.

머슴의 이 일이 널리 퍼져, 사람들은 비록 하찮은 쥐새끼 한 마리에게라도 정성을 다한다면 반드시 보답이 돌아온다는 믿음을 가지게 되었다.

욕심 센 영감과 쥐

옛날 어떤 노인이 마음이 고와서 쥐에게도 양식을 대주었다 한다. 쥐들이 먹을 것을 찾아 여기저기 뚫어놓은 구멍으로, 불쌍하다며 이거라도 먹으라고 콩방울을 톡톡 들이쳐 준 것이다.

쥐들이 이 은혜를 가슴 깊이 새긴 모양이었다.

하루는 쥐 한 마리가 노인에게 나타나 말하였다.

"우리 먹을 것 없을 때 영감님이 양식을 대어주셨으니, 이제 그 고마운 마음을 표하고자 합니다."

"고마울 거 뭐 있나. 사람 먹을 거 좀 남겨 너희들 준 것뿐이지."

"제 등에 올라타십시오."

"쥐 등에 올라타면 어찌 된다는 말인고?"

"좋은 곳으로 안내해드리겠습니다."

"쥐들이 드나드는 그 작은 구멍으로 나도 들어갈 수 있다는 거냐?"

"그렇습니다, 영감님. 걱정하지 마세요. 제 등에만 올라타시면 어디든 갈 수 있답니다."

"호, 그거 재미있겠다."

노인은 쥐의 등에 올라탔다. 쥐는 쏜살같이 달려 어딘가로 향하였다.

이윽고 노인이 도착한 곳은 이 세상에서 본 적이 없는 별천지였다. 사방에 기와집이 즐비하고, 그 집 기둥들은 모두 금덩어리 혹은 은덩어리들이었던 것이다.

쥐들은 한데 모여 노인이 자기들 먹을 것 없을 때 양식을 대어준 고마움에 감사의 절을 올리었다.

"만수무강하십시오."

노인은 이제껏 먹어본 적이 없는 진귀하고 맛깔나고 푸짐한 음식상을 받아 배불리 먹었다.

돌아갈 때가 되자, 쥐들이 말하였다.

"영감님, 원하시는 게 있으면 무엇이든 들어드리겠습니다."

"나야 뭐, 그냥 이대로 편히 사는 것 이상 바랄 게 없다."

"이 금덩어리가 잘사는 데 도움이 될 것입니다."

쥐들의 별천지에 널린 게 금덩어리였으니 영감은 금덩어리 한 짐을 선물로 받고 집으로 돌아왔다.

영감은 금덩어리 때문에 풍족하고 편안하게 잘살았다.

가까운 곳에 욕심 센 영감이 살고 있었다. 이 노인이 어찌 이렇게 잘사나 궁금하였던지 찾아와 물었다.

"어찌하면 성님처럼 살 수 있소?"

"간단하지. 쥐한테 잘해주면 돼."

쥐한테 콩방울 몇 개 줬더니 이렇게 되었다는 이야기를 들은 욕심 센 영감은 생각하였다.

'나도 그렇게 해보자.'

당장 그날부터 욕심쟁이 영감은 쥐들이 뚫어놓은 구멍마다 콩방울을 많이 던져두었다. 쥐들은 콩을 먹고 무럭무럭 자랐다.

어느 날, 영감의 예상대로 쥐 한 마리가 찾아와 은혜를 갚을 테니 자기 등에 타라고 하였다.

'이제 드디어 금덩어리 세상에 가는구나!'

속으로 좋아하며 욕심 센 영감은 쥐들의 별천지로 안내되었다. 사방을 둘러보니 과연 금, 금, 금…… 온통 번쩍번쩍하는 금덩어리 세상이었다. 이를 본 욕심쟁이 영감은 생각이 확 뒤바뀌고 말았다.

'가만, 이 좋은 곳을 쥐놈들에게 놔둘 게 아니라……'

욕심 센 영감답게 자기 혼자서 다 차지해야겠다고 마음먹은 것이다.

쥐들을 몰아내는 방법은 아주 간단하였다. 쥐는 고양이한테는 꼼짝 못하는 법 아닌가. 자기가 고양이 흉내를 내면 쥐들은 질겁할 터였다.

욕심쟁이 영감은 좋은 음식을 잘 대접받은 후, 쥐들 모르게 슬쩍 몸을 숨겼다. 그러고는 입을 모아,

"야오옹, 야오옹!"

고양이 울음소리를 내었다.

평화롭던 쥐들 세상이 난리법석이 되었다. 어디로 튀는 놈, 구멍 찾아 숨는 놈, 나무에 오르는 놈 등등 대책 없이 이리 뛰고 저리 뛰는 아수라장이었다.

욕심쟁이 영감은 다시 한 번 고양이 울음소리를 내었다. 쥐들은 혼란스러운 중에도 고양이가 모습을 드러내지 않는 게 이상하였다.

"야오옹, 야오옹!"

일이 잘 되어간다고 생각한 욕심쟁이 영감이 또 고양이 울음소리를 냈을 때, 쥐들은 몸을 숨긴 채 고양이 흉내를 내

던 영감을 발견하고 말았다.

"아니, 이렇게 괘씸한 하르방이 있나!"

분노한 쥐들 모두가 한꺼번에 욕심 센 영감을 향해 달려들었다. 영감은 쥐들에게 이리 물리고 저리 뜯기며 처참한 몰골로 죽어갔다고 한다.

쥐가 사람 된 이야기

쥐가 사람이 되었던 적이 있었다.

8대(八代)를 내려오던 한 집안에서 생겨난 일이다.

그 집안 팔대 조상인 할아버지가 쥐를 기르기 시작했다. 이 조상은 손톱이나 발톱을 깎으면 아들들한테 이르기를,

"이건 쥐를 주어라."

하였다.

아들들은 손톱, 발톱 깎은 것들을 방에도 놓고 마루 밑에도 놓아두었다. 그랬더니 이 쥐는 밥이나 고기 먹는 것보다도 손톱, 발톱을 더 좋아하게 되었다.

어느 대에선가 쥐한테 사람의 것을 주는 건 좋지 않다 여

기고 손톱, 발톱을 주지 않은 적도 있기는 있었다. 그랬더니 이 쥐가 밖으로 나와 이리 물어뜯고 저리 갉아먹으며 마구 발작을 하는 것이었다.

'왜 내 밥을 주지 않느냐! 손톱, 발톱이 내게는 너희들 먹는 돼지고기 쇠고기보다 더 귀한 음식이다!'

쥐의 횡포를 견딜 수 없어, 이 집안은 다시 손톱 발톱 깎은 것을 주게 되었다고 한다.

이렇게 여러 대(代)를 거치다보니, 이 손톱 발톱이 쥐한테 묘한 영향을 끼쳐 200년 이상 지난 8대째에는 그만 사람으로 변신하고 말았다.

어느 날 조상의 8대손인 그 집 주인이 어디 외출했다 돌아오니, 누군가 자기 대신 주인 행세를 하는 것이 아닌가.

"댁은 누구시오?"

"댁이야말로 누구요? 난 이 집 주인인데."

쥐가 사람으로 변하여 주인 대신 집안을 차지하고 앉았으니 기가 막힐 노릇이었다. 더욱 놀라운 것은 자기 자식들마저도,

"우리 아버지가 여기 계시는데, 아저씨는 뭘 하러 여기 왔습니까?"

하며 주인을 내쫓는 것이었다.

자기 집에서 쫓겨난 주인은 갈 곳이 없었다. 정처 없이 그저 동가식서가숙하며 거치처럼 지내기를 1년 남짓, 하늘이 보기에도 딱한 노릇이었다.

이슬을 맞으며 한데서 잠을 자던 주인은 꿈에 한 노인을 만났다. 백발이 성성한 그 노인이 말하였다.

"가련한 신세로구나. 사실 네 조상이 잘못한 일이고 너도 잘못한 일이다. 쥐한테 줘서는 안 될 것을 8대나 계속해서 주었으니 변고가 일지 않겠느냐?"

"그럼, 어찌하면 좋겠습니까?"

"세 발 달린 하늘 강아지가 그 쥐를 물어뜯으면 된다."

"세 발 달린 강아지를 어디서 구하나요?"

라고 물어보는 순간, 백발노인은 사라지고 주인은 꿈에서 깨어났다. 눈을 비비고 주위를 살피니, 처음 보는 세 발 달린 강아지가 꼬리를 흔들고 있었다. 하늘이 돕는다고 여긴 주인은 세 발 강아지를 데리고 다시 집으로 향하였다.

"나 왔다."

주인이 이렇게 말하며 대문을 들어섰다. 사람이 된 쥐가 떡 버티고 서 있었다.

"거 어떤 놈이냐?"

하며 주인 행세를 하는 쥐를 보자마자 세 발 강아지가 달려

들어 물어뜯었다. 강아지의 이빨에 찍힌 쥐는 꼼짝 못한 채 그 자리에서 죽어 본색을 드러내었다. 200년 이상 묵은 송아지만한 쥐였다.

그 후 제주도에서는 손톱, 발톱을 깎으면 쥐가 먹을 수 없도록 그것을 오줌항아리에 놓게 되었다 한다.

은혜 갚은 뱀

머슴을 열다섯 명이나 거느리는 부자(富者)가 있었다. 이 부자는 방목하는 말[馬]들이 수백 두라서 그 관리를 위해 머슴이 많이 필요하였던 것이다.

하루는 머슴 우두머리한테 머슴들이 일할 곳을 각각 배치하라 명하여 이 밭 저 밭으로 모두 내보내게 되었다. 그런데 머슴 부인들 가운데 부자의 눈에 확 띄는 한 여자가 있었다. 몸매가 날씬하고 눈매가 고운 것이 부자의 마음을 흔들어놓았다.

"저 여잔 우리 집 뒤뜰을 가꾸라고 하여라."

부자는 그 여인이 탐나서 바깥에 보내지 않고 일부러 후

원에 배치시킨 것이다.

주인 명령이니 어쩔 것인가. 여인은 후원에서 호미질을 하며 뜰을 꼼꼼히 정리하였다.

시간이 좀 지나자 부자가 슬슬 뒤뜰에 나가보았다. 호미질을 하는 여인의 엉덩이가 푸짐하여 부자는 충동적으로 뒤에서 여자를 덮치고 말았다. 여자는 풀밭에 고꾸라졌다.

"아이!"

여자가 소리를 지르려 하였으나 주인은 손으로 그 입을 틀어막았다.

그런데 이 풀밭에는 마침 뱀이 한 마리 기어다니고 있었다. 부자와 여인은 바로 그 풀 속 뱀의 몸통을 누른 것이었다. 화가 난 뱀은 밑에 깔린 여자를 꽉 물었다.

"아이고, 나 죽네!"

뱀에 물린 여자가 비명을 질렀다.

주인도 놀라서 벌떡 일어섰다. 여자는 뱀에 물려 사색이 되고 있었다.

"야야, 어서 집에 가라, 집에 가!"

주인은 서둘러 여자를 집으로 보내었다.

그런데 여자를 보내고 가만히 생각하니 자기가 큰 실수를 저질렀음을 인정하지 않을 수 없었다. 공연히 뱀한테 물려 사람이 죽게 되었으니 말이다.

주인은 자기가 했다는 눈치는 보이지 않고, 한 머슴에게 명하였다.

"그 부인네 집에 가보라. 어떻게 있는지 잘 살펴보아라."

갔다 온 머슴이 보고하였다.

"큰일 났습니다. 그 여자 뱀에 물려 다 죽게 됐습니다."

주인은 그 부인을 겁탈하려 한 일 때문에 그렇게 됐다고는 밝히지 못한 채 고민이 깊어졌다. 방에 누우면 그 일만 생각나 조바심이 났다. 죄 없는 여자 하나가 자기 때문에 괜히 죽게 됐으니 말이다.

주인은 머슴한테 명하였다.

"또 가보아라."

하며 자꾸 머슴을 보내 머슴 부인의 안부를 살펴보게 했다.

돌아온 머슴이 입에 거품을 물며 보고하였다.

"지금 큰 배암이 와서 여자의 몸뚱이를 친친 감았습니다! 이제 여자는 죽었습니다."

주인은 밤새도록 잠을 이룰 수가 없었다.

날이 새자, 다시 머슴을 보내었다.

"어떻게 되었나, 가보아라."

머슴은 급히 돌아왔다.

"허참, 여자는 살아 있습니다!"

"그게 참말이냐?"

"예, 어디 가버렸는지 배암은 이제 없고……."

머슴도 믿어지지 않는다는 말투로 그 집 상황을 전하였다. 주인은 여자가 살았으니 안심이 되긴 하였으나, 일의 전말이 이해되지 않아 알쏭달쏭한 표정만 지을 따름이었다.

이 일에 대해서는 마을 사람들이 나중에 그럴듯한 해석을 내놓았다.

"배암이 은혜를 갚은 거지."

주인이 후원을 가꾸고 있는 머슴의 부인을 덮치는 순간 뱀은 여자를 물었는데, 놀란 주인은 자기도 물릴 게 분명하므로 가까이 있는 낫을 들어 뱀을 내리치려 하였다.

낫으로 뱀을 죽이려는 주인을 여자가 황급히 만류하였다.

"왜 일없이 배암을 죽이려 하십니까?"

"저놈이 나도 물 게 아니냐?"

그랬더니 부인이 이렇게 대답한 것이다.

"우리가 잘못이지 배암이 잘못입니까?"

하긴 그 말도 맞는 말이었다. 주인이 쓸데없이 풀밭에서 잘 기어다니는 뱀을 자극한 일이지 않은가. 여자의 말이 옳다고 여긴 주인은 낫을 거두었다. 여자가 뱀을 살린 셈이었다.

그래서 뱀은 여자의 집으로 찾아가 그 여자 몸을 친친 감고 몸에 퍼지는 뱀독을 자기가 다 빨아먹었다는 것이다.

"네가 나를 살렸으니, 나도 너를 살려주겠다."

뱀이 여자에게 한 말은 이것이었다고 전해진다.

모관 양반 이야기

모관(목안)은 지금의 제주시를 일컫는 말이다.

옛날 모관에 한 양반이 살았는데 말이 양반이지 살림은 곤궁하였다. 하지만 이 모관 양반은 임기응변에 능하고 기지가 뛰어난 인물이어서 그럭저럭 먹고사는 일이 해결되었다. 이 모관 양반이 어떻게 꾀를 부리며 하루하루 살아갔는지 다음과 같은 이야기가 전한다.

하루는 모관 양반이 산으로 대를 베러 가게 되었다. 워낙 늦게 출발하는 바람에 한참을 걸었더니 해가 저물고 말았다. 어느 작은 마을을 지나던 중이었는데, 때마침 마을 부인네들

이 방아를 찧느라 한곳에 모여 있었다. 그 곁에서 놀고 있던 대여섯 살 돼 보이는 계집애가 그를 보자마자,

"아, 무르엣 아저씨 오신다!"

하고 외쳤다. 무르엣 아저씨란 그 계집애가 몸종으로 있는 부인의 남편을 이르는 말이었다. 방아를 찧던 그 부인이 계집애의 외침을 듣고 시큰둥하게 반응하였다.

"네가 잘못 본 것이겠지. 아저씨가 올 리 있겠니?"

혼인 직후부터 그 부인의 남편은 어디를 그리 쏘다니는지 집에 붙어 있는 적이 별로 없었다. 그렇게 몇 년을 홀로 지내던 부인은 한동안 말미를 얻어 친정에 와 있는 중이었다.

"무르엣 아저씨가 맞는 것 같은데요?"

하긴 어둠 속인지라 부인이 보기에도 남편인지 아닌지 분간하기 어려웠다.

"그럼 일단 네가 모시고 먼저 집에 가 있으렴. 나는 방아 찧는 일이나 마치고 갈 테니."

모관 양반은 부인과 계집애의 수작을 들으며 속으로 잘됐다고 생각하였다. 날은 저물고 어차피 어디든 숙소를 정해야 할 형편이었다. 어쩌면 공짜로 하룻밤을 지낼 수 있을지도 몰랐다.

모관 양반이 계집애를 따라가보니 그럴듯한 기와집이 두 채나 되는 것이 괜찮게 사는 집안 같았다.

계집애는 사랑방으로 들어가 할아버지한테 무르엣 아저씨가 오셨다고 전했다. 방문이 열리고 노인의 얼굴이 나타났다. 모관 양반은 저 노인이 이 집안의 가장이라고 생각하였다.

"저 왔습니다."

모관 양반이 이렇게 넉살좋게 인사하자 노인이 반색했다.

"아니, 어찌 이렇게 어둔 길을 나섰는가? 어서 들어오게."

노인의 반가운 말투에 끌려 모관 양반은 정말 그 집 사위인 양 방으로 들어가 문안 인사를 올렸다.

"아버님, 그동안 안녕하셨습니까?"

자기 사위인 줄로만 안 노인은 우선 저쪽에 가서 요기부터 하라고 하였다. 딸의 방을 가리키며 하는 말이 분명했다.

모관 양반이 그 방에 들어가 앉았더니 이윽고 한 노파가 들어오는 것이다. 이를테면 장모였다. 모관 양반은 노파에게도 장모에게 하듯이 정중한 문안 인사를 올렸다.

"어째 그리 무심하게 그동안 한번도 다녀가지 않았는가?"

장모라는 노파가 묻는 말에 그는 능청스럽게 대답하였다.

"한동안 중병을 앓고 있었습니다."

장모는 사위가 오랜만에 왔다면서 상을 잘 보아 오도록 했다.

밥상이 들어오자 모관 양반은 나중이야 어떻게 되든 배가

고픈 김이라 마파람에 게 눈 감추듯 밥과 찬을 다 먹어치웠다.

저녁상을 물릴 때쯤 부인이 돌아왔다. 부인도 그를 남편으로만 여기고 있는 모양인지 투정을 부렸다.

"왜 잊어버릴 만해서야 왔습니까?"

"한동안 중병을 앓았소."

모관 양반은 똑같은 말로 속여 넘겼다.

밤이 깊어 잠자리에 들 시간이 되었다. 그런데 부인은 잠자리에 들어서야 비로소 의심스러운 생각이 드는 것이었다. 남편의 예전 거동과는 어딘가 다른 점이 있었다. 모관 양반도 그런 눈치를 채긴 챘으나 이왕지사 내친걸음이었다.

날이 새었다. 밝은 햇빛 아래서야 부인은 남편이라는 작자가 전혀 본 적 없는 외간 남자라는 것을 알았다. 부엌에서 아침을 지으면서도 부인은 안절부절못하였다.

노파가 그런 딸을 이상하게 여기고는 오랜만에 사위가 왔는데 표정과 행동이 왜 그러느냐 물었다. 분해서 어쩔 줄 모르던 딸은 어머니한테 부아를 터뜨렸다.

"어머닌 사위를 둘씩이나 맞아들여서 속이 편하우?"

"아뿔싸!"

노파도 지난밤 의심이 없지는 않았던 것이다.

"틀림없이 네 서방이 아니냐?"

"코빼기도 본 적 없는 외간 남자예요."

딸의 확실한 다짐을 받고서 노파는 부리나케 노인의 방으로 내달았다.

"아이구, 영감! 난리 났수. 어젯밤 온 사위, 그거 우리 사위가 아니라는구려."

노인은 무슨 뜬금없는 수작이냐는 표정을 지었다.

"허어, 아침부터 그런 괴이한 말을……."

"정말이래두요. 딸년이 분명 제 남편 아니랍디다."

노인이 듣자 하니 아무래도 무슨 일이 그릇되긴 그릇된 것 같았다. 그는 마누라에게 이끌려 사위가 있는 방에 건너가 보았다. 자세히 보니 과연 이 집 사위가 아니었다. 노인은 머리끝까지 화가 솟구쳤다.

"여보시오, 거기 누워 있는 양반!"

노인의 목소리는 분노 때문에 몹시 떨렸다. 그런데 모관 양반은 오히려 태연하였다.

"아버님, 식전에 무슨 일이십니까?"

너무나도 태평한 그의 언동에 노인은 숨이 깔딱 넘어갈 정도로 화가 치밀었다. 생각 같아선 몽둥이 찜질이라도 해서 내쫓고 싶었으나 동네에 창피한 일이어서 간신히 진정하였다.

"어서 이 집에서 나가게."

노인은 오히려 애원조가 되었다. 모관 양반은 천천히 자리에서 일어나 앉았다.

"가야지요. 하지만 사위라고 반가이 맞아들여놓고는 돌연 도둑놈 내쫓듯 내쫓으려 하니 이 무슨 고약한 일인지 제가 몹시 당혹스럽습니다. 그래서 일단 관가에 알려 어찌 된 영문인지 밝혀내야 하겠소."

그렇게 된다면 집안 망신은 뻔한 노릇이었다. 노인은 제발 조용히 나가줄 것을 간곡히 청하였다. 일이 진행되는 꼴을 보면서 모관 양반은 배짱이 두둑해졌다.

"이런 피해를 당하고서 그냥 갈 수야 없지 않겠습니까?"

그러면서 모관 양반은 몇 가지 조건을 내놓았다.

"대나무 한 동을 검은 암소에 실어 내놓고, 홍색 무명 한 벌, 사모관대 한 벌 차려주시오."

노인은 기가 막혔으나 버텨보았자 달리 뾰족한 수가 없을 터였다. 울며 겨자 먹기로 노인은 그의 요구를 들어주었다.

모관 양반은 간단히 치사하고 그 집을 나왔다. 나와서 생각하니 몹시 통쾌한 일이었다. 그는 커다란 소리로 웃어젖히며 자기 아랫도리를 툭 쳤다.

"모두 이놈 덕분이라."

모관 양반은 다시 한 마을을 지나게 되었다. 어느 집에선가 대사가 있는 듯 자그마한 마을이 부산스러웠다. 골목길에서 놀고 있는 조무래기들을 붙들고 사연을 물어보았다. 이 마을 제일 부잣집에서 딸을 시집보내는 날이라는 것이다.

'좋은 건수가 생기겠군.'

모관 양반은 즉시 그 집을 찾아갔다.

신붓집에는 아직 신랑이 도착하지 않고 있었다. 모관 양반은 딱 맞춤한 기회라 여기고 뱃심 좋게 사모관대 차림으로 대문을 들어섰다. 그런 그를 보고 사람들이 외쳤다.

"신랑 왔다!"

운 좋게도 신붓집에서는 신랑의 얼굴을 아는 이가 없었던 것이다.

사람들은 모관 양반을 신랑 방으로 모시었다. 넉살좋게 신랑 자리를 차지한 모관 양반은 상다리 휘어지게 차린 상을 받아 맛있게 먹기 시작하였다.

잠시 후 대문 쪽에서 사람들이 외치는 소리가 들렸다.

"신랑 왔다!"

이제야 진짜 신랑이 도착한 것이었다. 신붓집은 아연 당황할 수밖에 없었다. 이 신랑이 신랑이냐, 저 신랑이 신랑이냐 한바탕 소동을 겪은 후에야 모관 양반이 가짜 신랑이라는 사실이 드러났다.

분개한 신붓집 사람들은 그를 흠씬 두들겨 내쫓으려 하

였다. 그러나 이미 이러저러한 경우를 다 예상하고 있던 그였다.

"아니, 이런 상놈의 집안이 있나! 딸 하나로 두 신랑을 맞이하려 하다니!"

모관 양반이 이렇게 언성을 높이자 신붓집에서는 아무 대응도 할 수 없었다. 모관 양반은 더욱 기세를 올렸다.

"애초에는 신랑으로 대접하여 극진히 모시다가, 어느 순간 태도를 돌변하여 도둑놈 내쫓듯 내쫓으려 하니 이 무슨 괴이한 노릇인가? 내 관가에 이 사실을 고해야 하겠소."

일이 이쯤 되어가니 신붓집에서는 오히려 모관 양반에게 사정을 하지 않으면 안 되게 되었다. 혼례를 치르는 대사에 관가가 끼어들면 꼼짝없는 집안 망신에다 딸자식 팔자마저도 어그러질 판인 것이다.

"부디 조용히 나가주십시오."

"조용히 나가는 대신 무엇으로 보상하겠소?"

"열 냥 드리리다."

"100냥 주시오."

약점이 약점인지라 신붓집에서는 그의 요구대로 들어줄 수밖에 없었다. 모관 양반은 두둑한 돈꿰미를 꿰차고 후한 점심을 대접받은 후 도시락까지 챙겨 들고 신붓집을 나섰다.

신붓집을 나온 그는 돈도 두둑하겠다 유람하는 기분으로 이곳저곳 들러보다 집에 돌아가기로 하였다. 모관 양반은 우선 가까운 곳에 있는 숲 속으로 들어가보았다.

숲 속 으슥한 곳에서 사냥꾼 세 사람이 둘러앉아 무언가를 먹고 있었다. 모관 양반은 다리도 쉴 겸 그들과 합석하여 이야기를 나누기로 하였다. 모관 양반은 우선 신붓집에서 받은 도시락을 꺼냈다.

도시락을 열었더니, 으레 맛있는 반찬과 떡 같은 게 들어 있으리라 여겼는데 웬걸 목침 하나만 덩그러니 들어 있었다. 아마 신붓집에서 그를 골려주려는 심사였으리라.

"이게 뭐야!"

화가 난 모관 양반은 목침을 힘껏 집어 내던져버렸다. 그런데 목침이 날아간 곳에서 무엇이 꿍하고 쓰러지는 소리가 들리는 게 아닌가. 무엇일까 궁금하여 다들 가보았더니 커다란 노루 한 마리가 쓰러져 있는 것이었다. 목침에 정통으로 맞아 노루가 절명한 게 분명하였다.

모관 양반에겐 우연한 결과에 불과하였으나, 사냥꾼들은 몹시 신기한 장면을 목격한 듯이 놀랐다.

"목침 하나로 이렇게 큰 노루를 잡다니!"

그 반응을 보며 모관 양반의 머릿속에는 또 좋은 꾀가 떠오르는 것이었다. 사냥꾼들을 속여보자는 생각이었다.

"이건 보통 목침과 다른 것이오. 우리 가문에 대대로 내려오는 가보인데, 던지기만 하면 마음먹은 무엇이든 쏘아 맞힐 수 있는 귀한 목침이란 말이오."

"과연!"

하고 사냥꾼들은 감탄하였다. 그럴 것이 그 증거로 큰 노루한 마리가 그 목침에 맞아 쓰러져 있지 않은가. 사냥이 생업인 그들은 이 신기한 목침이 탐이 났다. 이 목침만 가지면 힘들이지 않고 사슴이며 산돼지를 잡을 수 있을 터였다. 사냥꾼들이 모관 양반에게 물었다.

"이 목침을 우리한테 팔지 않겠소?"

모관 양반은 펄쩍 뛰었다.

"이 목침을 팔라고? 어찌 그런 말을 할 수 있소? 조상 전래의 가보를 어찌 돈 받고 팔 수 있단 말이오?"

말인즉 옳은 말이었다. 그러나 사냥꾼들은 그럴수록 목침을 갖고 싶었다. 값은 고하간에 팔아달라고 사정하기 시작하였다.

밀고 당기기를 수차례, 적당히 빼기고 난 그는 선심을 쓰듯 3,000냥을 받고 목침을 팔기로 하였다.

이 일 저 일로 많은 수확을 거두고 집으로 돌아온 모관 양반은 은근히 걱정이 들었다. 사냥꾼들한테 너무 터무니없는 거짓말을 한 것 같은 것이다. 사냥꾼들은 곧 거짓말이라는 걸 깨닫고 들이닥칠 가능성이 높았다. 그는 대책을 마련하기 위해 고심하였다.

모관 양반은 부인을 불러 벼 이삭 하나를 풍체(처마의 바람막이)에 꽂아두라고 하였다. 그러고는 사냥꾼들이 찾아오면 여사여사하라고 시켰다.

이윽고 분개한 사냥꾼들이 모관 양반집으로 들이닥쳤다.

"당신한테서 산 목침은 마음먹은 짐승을 백발백중시키기는커녕 때마침 점심 그릇들을 이고 오던 어머니가 머리를 맞아 돌아가시게 되었소!"

모관 양반은 침착하게 받아넘겼다.

"참으로 안된 노릇이오. 그 목침은 역시 우리 집에서나 써야 효험이 있는가 봅니다. 나도 그걸 팔고 나서 얼마나 후회했는지 몰라요."

그러면서 손님들이 시장할 테니 우선 점심상이나 차려오라고 부인을 내보냈다. 부인은 풍체에 꽂혀 있는 벼 이삭을 보며 몇 알을 놓고 밥을 짓느냐고 물었다. 그러자 모관 양반은 버럭 언성을 높였다.

"손님 수를 보면 알지 못하오? 한 알이면 충분하고도 남지."

모관 양반은 여편네가 미욱해서 송구하네 어쩌네 하며 변명이나 하듯이 중얼거렸다.

부인이 벼 한 알을 따가지고 부엌으로 들어가더니 이윽고 상다리가 부러지도록 훌륭한 점심상이 나왔다. 쌀밥이라곤 별로 먹어본 적이 없는 사냥꾼들이었다. 한껏 배불리 밥을 먹고 나서 풍체에 꽂혀 있는 벼 이삭이 다시 탐나는 듯 쳐다보고 또 쳐다보고 하였다.

'한 알을 넣고 이렇게 여러 사람 먹을 밥이 나온다면…….'

모관 양반의 예상대로 사냥꾼들은 자기네가 들이닥친 용건은 잊어버리고 벼 이삭을 팔지 않겠느냐고 흥정을 걸기 시작하였다.

"저 벼 이삭 한 알이면 어머니 장사의 상여꾼들을 충분히 먹일 수 있지 않겠소?"

물론 이번에도 모관 양반은 조상 전래의 보물이라며 한동안 배짱을 부렸다.

"제발 팔아주시오. 어머니 장사에 쓰겠다지 않습니까?"

계속 이렇게 사정하니 모관 양반은 마지못하는 듯이 상당한 값으로 벼 이삭을 팔았다.

사냥꾼들은 득의만면하여 돌아갔으니 곧 다시 들이닥칠 것은 뻔한 노릇이었다. 그래서 모관 양반은 한참 생각한 끝에 다시 부인을 불렀다.

"빨리 떡을 만드시오. 그러고는 그 떡을 앞뜰에 있는 나뭇

가지마다 하나씩 꽂아둬요."

다시 사냥꾼들이 들이닥쳤다. 모관 양반은 이번에도 좋은 말로 그들을 진정시킨 후, 부인에게 떡이나 좀 내오도록 하였다.

부인은 남편이 시킨 대로 떡이 꽂혀 있는 나무에서 몇 가지를 꺾어 한 상 가득 먹을거리를 차려왔다. 사냥꾼들은 또 떡이 열리는 그 나무가 탐이 났다. 사과나 배처럼 떡 하나를 따면 곧 새 떡이 다시 열리지 않겠는가.

몇 차례 흥정이 오간 끝에 사냥꾼들은 상당한 돈을 치르고 나무를 사갔다. 물론 사냥꾼들은 곧 다시 쳐들어올 것이 분명하였다.

모관 양반은 부인에게 이리저리할 것을 일러놓고 자기는 죽은 체하며 자리에 누웠다.

몹시 화가 난 사냥꾼들이 와보니 부인이 통곡을 하고 있었다.

"이 양반이 어찌 된 거요?"

"조상 전래의 가보들을 모두 팔아버려서 그 벌로 죽었습니다."

사냥꾼들은 어리둥절하여 어찌할 바를 몰랐다.

이윽고 울음을 그친 부인은 피리 하나를 꺼내 놓으며, 죽은 사람을 살리는 피리인즉 사냥꾼들한테 그 피리를 불어 죽은 남편을 살려달라고 애원하였다.

긴가민가하면서도 한 사냥꾼이 시험 삼아 피리를 불어보았다. 그러자 죽었다던 모관 양반이 벌떡 자리에서 일어나지 않는가.

"아함, 너무 잤구나."

하며 기지개를 켜다가 사냥꾼들이 와 있는 걸 보고 어찌 다시 왔느냐고 물었다. 사냥꾼들은 피리의 효력이 하도 신기하여 자기네들이 온 목적을 잊고 그 피리를 팔 수 없느냐 흥정을 하는 것이었다. 자기네들도 그 피리를 불어 죽은 어머니를 살려내겠다는 것이다. 그래서 이번에도 여러 차례 흥정이 오간 끝에 피리를 팔았다.

사냥꾼들이 돌아가자, 모관 양반은 관을 만들어 그 안에 드러눕고 부인에게 봉분을 만들도록 하였다.

다시 들이닥친 사냥꾼들은 이번엔 상복을 입은 부인이 집 부근 무덤 앞에서 통곡을 하는 걸 목격하게 되었다. 그러나 사냥꾼들은 이번엔 속지 않으려고 단단히 별렀다. 또 무슨 흉계로 자기네를 속이려는 짓이냐고 따져드는 것이었다.

"이 나쁜 사람들아, 당신들 때문에 집 가보를 다 팔아버려서 그 탓에 우리 집 양반까지 죽게 만들지 않았소?"

그러면서 부인은 더욱 애절하게 통곡을 계속하는 것이다.

사냥꾼들은 무덤을 자세히 살펴보았다. 아직 흙이 채 굳어지지 않은 채였다. 사냥꾼들은 지금까지 속은 것이 분하기 이를 데 없었다. 분풀이로 무덤 위에 똥이나 싸주기로 하였다.

모관 양반은 무덤 안에서 불에 달군 '노(奴)' 자의 인을 준비해놓고 있었다. 사냥꾼들이 묘 위에 엉덩이를 들이대자마자 인을 꽉 찍었다.

"아이구, 내 엉덩이!"

그들의 엉덩이에는 또렷하게 '노(奴)' 자가 새겨졌다.

그 후로 사냥꾼들은 다시 나타나지 않았다. 그러나 모관 양반은 후환을 걱정하여 사냥꾼이 영원히 얼씬거리지 못하게 하려고 마음먹었다.

모관은 관가를 찾아갔다. 자기는 세 명의 종을 거느리고 있었는데, 종들이 제멋대로 행동하니 처벌해줄 것을 청원한 것이다. 관가에서는 사냥꾼들과 모관 양반을 한자리에 소환하였다. 그러고는 모관 양반에게 먼저 물었다.

"이들이 당신 종이라는 증거는 무엇인고?"

모관 양반은,

"종놈들의 궁둥이에 노 자 인이 박혔으니 이를 확인하면 알 것입니다."

라고 대답하였다.

관가에서는 사냥꾼들의 궁둥이를 조사하였다. 과연 그의 주장대로 영락없는 노(奴) 자가 선명히 박혀 있었다. 관가에서는 사냥꾼들에게 종의 신분임을 깨달아 주인의 말을 잘 들어야 한다며 단단히 훈계하고 방면하였다.

사냥꾼들은 원래 좀 모자란 편이었으므로 아무 말 못 하고 판결에 따랐다. 그러나 모관 양반은 그들을 종으로 삼을 생각이 없었으므로 멀리 떠나가 살도록 놓아주었다 한다.

칠성부군

옛날 어느 마을에 두 형제가 있었다. 맏이는 욕심도 많고 결혼도 잘하여 큰 부자로 살았으나, 아우는 가난하였다. 그래서 아우는 형님집에서 머슴살이하며 겨우 먹고살았는데 형님네가 매우 인색하여 항상 배가 고팠다.

아우는 나이가 찼지만 신붓감이 없어 결혼도 하지 못하고 있었다. 그런데 어찌어찌 한 처녀가 이 아우한테 시집을 오게 되었다. 처녀네 식구들은,

"그렇게 가난뱅이한테 시집가서 어찌 살려구?"

하며 말렸으나 처녀는 고집을 꺾지 않았다. 나름대로 생각이 있었던 것이다.

새 며느리가 왔는데도 형님 집에서는 쌀 한 줌 나눠주지 않았다.

다음 날 아침 새 며느리는 부지런히 아침밥을 차리고 반찬도 골고루 갖춰서 시부모 방으로 들고 갔다.

"아이고, 애야. 쌀도 없는데 상은 어찌 마련하였느냐?"

"우리가 잘살면 더욱 잘해 올리겠습니다."

일단 시부모를 잘 모시는 일이 중요했다. 새 며느리는 동네 쌀집으로 가서 이러저러한 사정을 말하고 쌀 몇 가마니를 빌리고, 반찬거리를 파는 집에도 가서 같은 식으로 부탁하는 등 일단은 외상으로 부식을 장만하였던 것이다. 그렇게 매일처럼 시부모 밥상을 차려 가져가는 일을 계속하였다.

시부모는 며느리의 정성에 감복하여 동네 외진 곳 허름한 집으로 아우네를 분가시켜주었다.

그러던 어느 날 며느리는 이젠 때가 되었다 판단하고 자기 남편에게 말했다.

"궤 하나를 지게에 져서 나하고 같이 갑시다."

며느리는 남편을 데리고 산속으로 들어갔다. 여기저기 살피다 보니 큰 구렁이가 눈에 띄었다.

"저걸 잡아요."

남편은 아내가 시키는 대로 구렁이를 잡았다.

"구렁이를 궤에 넣으세요."

남편이 궤에 구렁이를 담고 집으로 돌아오자 아내는 그걸 쌀가마니 위에 올려놓으라고 하였다.

"이건 칠성부군입니다. 이 부군 덕분으로 우린 잘 먹고살 수 있습니다."

"그게 정말이오?"

"앞으로 쌀 걱정, 반찬 걱정 없을 테니 두고 보세요."

새 며느리는 그렇게 남편한테 말하고, 따뜻한 밥에 맛깔나는 반찬들을 마련하여 상을 차렸다. 그렇게 며칠 동안 계속하니 남편도 부군 덕을 믿는 기색이었다.

"자, 이젠 형님댁에 가서 모두 모셔 오십시오. 우리가 한번 크게 대접해야지요."

남편은 아내의 말대로 형님댁으로 가서 집으로 와주길 청하였다.

"형님, 우리 집에 떡이며 밥이며 반찬이며 술을 많이 마련하였으니 오늘 오십시오."

형님댁에서는 의아해하였다.

'저것들이 매양 굶고 있는 줄 알았는데, 어떻게 식사 초대까지?'

궁금하기도 해서 형님댁 식구들이 아우네 집을 찾아왔다. 집안에 쌀가마니들이 가득하고 음식도 정말 푸짐하게 잘 차려놓은 걸 보고는 놀라지 않을 수 없었다.

"아니, 이게 어찌 된 일이냐?"

형님은 아우에게 물었다. 며느리가 대신 대답하였다.

"큰아버지네 그런 말씀 마십시오. 제가 시집올 때 우리 어머니께서 부군 하나 주셨습니다. 그걸 지고 와서 요 쌀가마니 위에 놓아두니, 이것저것 모자람 없이 생겨나서 이렇게 잘 먹고 있답니다."

"부군?"

"예, 우리 어머니네 칠성부군 중 하나입니다. 그것만 있으면 쌀도 거저, 찬도 거저, 그저 막 쏟아져 나옵니다."

제수의 말을 듣고 난 형님은 욕심이 왈칵 생겨났다.

"그렇다면, 그 부군 우리 좀 빌릴 수 없겠느냐?"

"아, 그건 못 합니다. 우리 어머니 부군인데 어찌 그리할 수 있겠습니까?"

딱 잘라 거절하니 형님네는 더욱 탐이 나는 것이었다. 그런 칠성부군 하나만 있다면 앞으로 재산 모을 걱정은 없을 게 아닌가.

아무리 빌려달라 해도 아니 된다 하니, 형님은 깊은 생각에 잠겼다가 파격적인 제의를 하였다.

"그 부군 우리 다오. 대신 우리 집 전답 문서를 몽땅 줄 테니 바꾸자."

"아니 될 말씀입니다. 부군만 있으면 가만히 앉아도 이렇게 먹고사는데, 그걸 드려버리면 일을 해서 벌어야 먹고살 게 아닙니까?"

그래도 형님댁은 부군을 달라고 거듭해서 사정사정하였다. 하도 그러니 새 며느리도 어쩔 수 없다는 듯이 형님댁의 전답 문서를 모두 받고 그 부군을 내주었다.

아우네는 곧 부자가 되었다.

그러나 칠성부군을 가져간 형님네는 며칠 지나지 않아 부군이 죽어버렸다. 형님댁은 득달같이 아우네 집으로 달려와 전답 문서를 돌려달라 하였다.

새 며느리는 부군을 죽여버렸다고 난리굿을 폈다.

"아이고, 그게 어떤 부군인데 그걸 죽여버리다니요! 그거 우리 쌀 궤 위에 놓아두면 잘살 건데, 괜히 가져가서 엉뚱한 데 놓아 굶어죽게 만들었으니 그 원(怨)을 어찌 감당한단 말입니까? 우리 어머니께서 특별히 주신 부군을!"
하고 외치며 며느리는 울고불고 야단이었다. 그 꼴을 보고 형님댁은 아무 말도 할 수 없어 그냥 돌아오고 말았다.

재산이 다 아우한테 가버렸으니 형님댁은 곧 망하고 말았다. 잘살면서도 욕심 부리고 아우를 머슴 취급하며 인색한 짓만 일삼다가, 영리한 며느리의 꾀에 넘어가 한순간에 폭삭 무너지고 만 것이다.

동지선달 백련화야

어떤 부모가 낳고선 그냥 내버렸는지, 한 어린 계집아이가 고아처럼 가련하게 살고 있었다. 동네 집집을 여기저기기어 다니며 울고 있으면, 사람들이 참 불쌍한 아이라며 숟가락으로 밥을 떠먹여주곤 하였다.

그렇게 근근이 연명하면서 아이는 나이를 먹어 열다섯 살처녀가 되었다. 남의 밭에 가서 일을 좀 거들 수는 있게 된것이다. 밭일은 거들어도 대우는 신통치 않았다.

"저건 거지새끼다. 차롱 뚜껑에나 밥 한 숟가락 떠서 갖다주면 된다."

그 차롱 뚜껑의 찬밥이나마 처녀는 맛있게 먹었다.

하루 밭일이 끝나면 사람들은 추수하다 남은 쌀알들을 모아 체를 쳤다. 고운 쌀은 일 잘하는 사람들에게 주고 처녀한테는 싸라기 몇 알을 주었다.

"너는 이거 가져가서 죽이라도 해 먹으라."

열다섯 살이 된 처녀는 생각하니 억울하였다. 평생 이렇게 살아서 어찌한단 말인가.

다니면서 보니 곱게 차린 여인들이 절에 가서는 부처님을 섬기는데 쌀도 가져가고 때로는 참기름도 가져가는 걸 알았다.

'나도 부처님한테 가서 좀 잘살게 해달라고 빌어야겠다.'

그런데 무엇을 가져갈 수 있나. 쌀을 가져가려 해도 쌀은 물론 쌀을 담을 보따리마저 없었다.

'그래도 일단 쌀은 주워야겠다.'

처녀는 부처님한테 쌀 가져가는 사람들이 흘리는 쌀알 등 길기에 떨어진 쌀들을 한 알 한 알 줍기 시작하였다. 매일 저녁 치마를 벗어놓고, 그날 주운 쌀알 중에서 싸라기들은 골라내고 굵은 알은 조금씩 따로 모아놓았다. 그렇게 매일처럼 1년 동안 모으니 시주할 만한 굵은 쌀이 한 홉은 되었다. 한 홉 쌀을 담을 보자기도 없으니 처녀는 치맛자락에 쌀을 싸서 절에 가져갔다.

법당에 앉은 부처님이 이 사실을 알았다. 법당 스님을 불

러 말씀하기를,

"아무 날에 큰 시주가 들어올 터이니 조심하여 받들고 불공을 올리거라."

하였다.

스님들은 누가 시주로 큰 짐 하나 져 가지고 오는가 하였는데, 정작 온 걸 보니 치맛자락에 싼 한 홉 쌀뿐이었다. 그래도 부처님 말씀도 있고 하니 스님들은 처녀를 위해 불공을 잘 올려주었다. 처녀는 열심히 부처님께 절을 하며 은덕을 빌었다.

"나무관세음보살."

시주도 하고 절도 수백 번 하고 하면서 나름대로 공을 들인 처녀가 법당을 나오려 하자 부처님이 불렀다.

"처녀 보살아, 네게 염불이나 하나 가르쳐줄 터이니 배우고 가라."

"가르쳐주십시오."

"정한수 올려놓고 손 잘 씻고 낯도 잘 씻고 단정하게 차린 후에 문전을 향해 '동지섣달 백련화야, 동지섣달 백련화야'라고 염불을 외어라."

"네, 그렇게 하겠사옵니다."

그날부터 처녀는 세수하고 문전을 향해 꿇어앉아 그저,

"동지섣달 백련화야, 동지섣달 백련화야."

라는 염불을 외었다. 매일매일 거르지 않고, 한 달 내내 1년 내내 꼬박 3년간을 그 노래를 불러대는 것이었다.

3년이 지나자, 문 밖에 있던 커다란 파란 나무 위에 백련화가 하얗게 피었다. 하얀 연꽃이 핀 걸 본 처녀는 더욱 신명이 나서 그 꽃을 바라보며 더 열심히,

"동지섣달 백련화야, 동지섣달 백련화야."

염불을 외웠다.

때마침 왕의 아들이 죽을병이 들었다는 소문이 퍼졌다. 세자가 죽으면 나라의 큰 우환이 아닐 수 없었다. 조정에서는 전국의 용한 복술사들을 불러들여 문점(問占)을 받아보았다. 놀랍게도 복술사들이 하나같이,

"동지섣달 백련화를 달여 먹이셔야 저하의 병환이 낫겠습니다."

하는 게 아닌가.

동지섣달에 어찌 백련화를 구한단 말인가. 백련화라 하면 하얀 연꽃인데, 연꽃이란 7, 8월에 피지 않는가. 여름 화초를 무슨 수로 겨울에 구할 수 있겠는가. 그래도 방법이 달리 없으니 조정에서는 사람들을 풀어 어디서든 이 '동지섣달 백련화'를 찾아오라고 명하였다.

누군가 이 처녀의 동지섣달 백련화 이야기를 얻어듣게 되

었다.

"저 깊은 시골 한 처자의 집에 무슨 놈의 꽃이 동지섣달에 하얗게 피긴 피었는데, 더 자세한 건 모르겠고……"

하니 조정이 시끌벅적하였다.

"아마도 그 집 꽃이 백련화인 게 거의 분명하니 그 집을 찾아내라. 당장 찾아내라."

사람들이 처자의 집을 찾아가보니 과연 파란 나무에 하얀 연꽃이 피어 있는 것이었다.

"처자, 저 꽃 우리한테 팔아주시오."

"아니 됩니다. 부처님 말씀이 그저 동지섣달 백련화야, 이 염불을 외라 하셔서 그리하였더니 저렇게 핀 것입니다. 부처님 말씀대로 제 평생 동지섣달 백련화, 염불을 할 뿐 그걸 어찌 팔 수 있겠습니까?"

사람들은 자초지종을 말하며 팔아달라고 사정하였다. 세자의 병이 깊어 곧 돌아가실 것 같다는 말에는 처녀의 마음이 움직였다.

"그렇다면 가져가시오."

"사례로 얼마를 드릴까요?"

"사례는 필요 없습니다. 가져가서 저하의 병환이 낫는다면 그게 사례입지요."

처녀는 돈도 받지 않고 그 꽃을 내주었다.

동지섣달 백련화를 구해 정성 들여 달여 먹이니 과연 세자의 병환이 말끔하게 나았다.

병이 나은 세자가 물었다.

"어찌 내 병을 구완할 수 있었소?"

주위에서 전후사정을 자세히 아뢰었다.

"당장 그 처자를 조정에 모셔오시오."

사람들이 시골에 살고 있던 처자를 정중히 모셔 올라가니, 세자는 어머니의 예로 대접하고 평생 풍족하게 살 수 있게 해주었다 한다.

어떤 열부

옛날 한 도붓장수가 길을 가고 있었다. 가다보니 웬 적삼 하나가 떨어져 있어 주워들었고, 다시 좀 더 가다보니 쌀자루가 길에 놓여 있길래 역시 주웠다. 도붓장수에게 적삼이나 쌀자루 같은 건 있으면 있는 대로 유용하게 쓸 수 있는 물건이기 때문이었다.

계속 길을 가던 도붓장수는 날이 어두워지자 어디 인가가 보이면 아무 데나 묵어갈 참이었다. 마침 외따로 떨어진 조그만 집 한 채가 보여 도붓장수는 집밖에 서서 유숙을 청하였다. 부인이 나와보았다.

"하룻밤만 신세 지려고 합니다만."

"여긴 남자는 없고 여자인 나 혼자뿐이어서 외간남자가 묵을 수 없습니다."

"아, 그러지 마십시오. 산속 깊은 곳에 어디 또 인가가 있겠습니까? 갈 곳도 없고, 나쁜 사람도 아니니 제발 하룻밤만 재워 주십시오."

그렇게 여러 차례 간청하니 부인도 어쩔 수 없었다.

"들어오세요."

"정말 고맙습니다."

도붓장수가 집에 들어와 짐을 부리는 걸 보니, 웬 적삼도 있고 또 쌀자루도 있는 게 아닌가. 부인의 눈에 익은 적삼이요 쌀자루였다.

"이거 어디서 난 것입니까?"

"아, 이것들은 여기로 걸어오다가 길에 떨어져 있길래 주워 든 겁니다."

"다른 건 없었습니까?"

"적삼과 쌀자루 이외에는 없었소만."

부인은 부엌에 가서 날 선 식칼 하나를 가져와 도붓장수를 향해 겨누었다.

"당신, 바른 대로 말하지 아니하면 찔러 죽이겠소."

도붓장수는 돌연한 부인의 행동에 놀라 말을 더듬었다.

"아, 아, 이거, 정말 길에서 주운 거요. 그냥 떨어져 있길래

임자 없는 줄 알고 그만……."

"정말입니까?"

"진정이오. 그 이상 바른말은 할 수도 없고."

부인은 다시 한 번 도붓장수의 진정을 확인한 후 신중하게 말하였다.

"이제부터 제가 하는 말을 잘 들어야 합니다."

"예, 듣겠소."

"제가 하는 대로 따라서 해야 합니다."

"그럴 테니 걱정 마시오."

부인은 짚을 많이 가져와서 큰 횃불을 만들었다. 등에는 횃불을 계속 사를 짚을 짊어지고 두 사람은 산속으로 들어가기 시작하였다.

횃불을 켜고 계속 가다보니 해 한 자루가 다 타들어갈 즈음, 호랑이가 어슬렁거리는 으슥한 곳에 이르렀다. 호랑이는 사람을 발견하자 으르렁 짖으며 두 사람 주위를 어정거리고, 횃불 때문에 가까이 가지는 못하니 발길질로 흙을 파서 그들에게 덮어씌우곤 하였다.

두 사람은 횃불을 계속 사르며 호랑이가 살고 있음 직한 굴을 향해 들어가기 시작하였다. 굴속 깊은 곳에 과연 부인의 남편이 죽어 있는 걸 발견하였다.

부인이 도붓장수에게 말하였다.

"횃불을 제가 계속 붙잡을 테니, 죽은 남편은 당신 등에 업으십시오."

부인은 횃불을 환히 켜고 그 뒤를 죽은 남편을 업은 도붓장수가 따라 내려오는데, 불 때문에 호랑이들은 그들에게 쉽사리 근접하지 못하였다.

"정신 잃으면 우리도 다 죽습니다."

"아, 알았소."

그렇게 두 사람은 집에까지 무사히 이르렀다. 멀리서 호랑이 여러 마리가 그들 뒤를 따라왔다.

부인은 집의 문이란 문은 꽁꽁 잠갔다. 호랑이들은 집 주위를 한참 빙빙 돌다가 댓돌 앞 땅을 파기 시작하였다. 땅을 파고 길을 내서 안으로 쳐들어가겠다는 것 같았다.

부인은 횃불은 물론 다른 불도 다 끄고, 단단한 몽둥이 하나를 붙잡았다. 그러고는 호랑이가 댓돌 밑을 뚫고 들어올 바로 그곳에 버티고 섰다. 호랑이가 이내 땅굴을 파고 방 안으로 모가지를 내밀었다.

"어흥!"

바로 부인이 기다리던 순간이었다. 부인은 손에 든 몽둥이에 온 힘을 모아 호랑이의 대가리를 향해 내리쳤다. 아직 몸통이 굴속에 있어 움직임이 부자연스러울 때라 호랑이는 꼼짝 못한 채 부인의 몽둥이에 맞아 죽었다. 호랑이 한 마리가 맞아 죽는 걸 본 다른 호자(虎者)들은 순식간에 어디론지 도망쳐버렸다.

다음 날 아침 부인은 도붓장수에게 말하였다.

"이 집에 있는 물건 중 마음에 드는 게 있으시면 모두 가져가십시오."

지난밤의 일이 아직도 꿈같은 도붓장수는 무엇이든 가져가고 말고 할 생각이 없었다.

"재워준 고마움에다 호랑이한테서까지 구해준 은혜를 입었는데 뭘 가져가겠소? 아무것도 필요하지 않습니다."

도붓장수는 여러 차례 거절하였으나 부인은 굳이 돈푼이나 나갈 것들만 골라 그에게 다 주었다.

"어서 짊어지고 가던 길 가십시오."

더 이상 거절할 수도 없어 도붓장수는 큰 봇짐을 등에 지고 감사의 인사를 올렸다.

"아이고, 정말 이 은혜를 어떻게……."

"대신 한 가지만 명심해주세요."

"예, 무엇이든 말씀만 하십시오."

"가다가 절대 뒤를 돌아봐서는 안 됩니다."

"예, 그렇게 하겠습니다."

비록 뒤를 돌아보지 않겠다고 단단히 다짐하였으나, 바라보지 말라는 부탁이 부쩍 의심스럽기도 하였다. 한참을 가다가 아무래도 궁금증을 이겨내지 못한 도붓장수는 뒤를 슬쩍 돌아다보았다.

"아, 저 불!"

어젯밤 묵은 집에서 시뻘건 불길이 활활 타오르고 있는 것이었다.

도붓장수는 황급히 가던 길을 되돌아 그 집을 향하여 달려갔다. 가보니 부인은 죽은 남편과 함께 방 안에 앉은 채 불에 타 죽어 있었다.

그 후 이 이야기는 도붓장수의 입을 타고 널리 퍼졌다. 전해 듣는 사람들은 입을 모아 참으로 담대하고 용감한 열부(烈婦)라며 칭송과 감탄을 마지않았다고 한다.

저승 갔다온 사람 이야기

도평 사람이 말[馬] 장사를 하며 살았다.

어느 날 이 사람은 말을 사러 대정으로 넘어갔다.

"어디 말을 팔 사람 없는가요?"

하고 물으니 누군가 대답하기를,

"저기 저승 왕래한 사람집의 말을 사지."

라고 제의하는 것이다.

"아니, 저승 왕래한 사람집 말을?"

"그 집 사람이 살 사람 있다면 말을 팔겠다고 하더군."

도평 사람은 저승을 왕래한 사람이 있다는 말은 들어본
적이 없었다. 그래도 저승 왕래한 사람 집에서 말을 판다고 하니 일단 궁금증이 일기는 하였다.

"그 집 말은 어디 매어 있소?"

"요기 앞동네에 매어 있긴 있지만."

"어떻게 찾아갑니까?"

"영 정 가다가 저승왕랫댁이 어디냐고 물으면 다 가르쳐 줄 걸?"

그가 가리키는 곳을 따라 죽 걸어가보니 과연 집도 있고 그 마당에 말 한 마리가 매어 있긴 하였다.

도평 사람은 주인을 불러내었다. 저승을 왕래하였다는 바로 그 사람인 모양이었다.

"말 파시오?"

"그렇소."

"얼마에?"

"23원 받겠소."

도평 사람이 잘 살펴보니 23원보다는 값이 더 나가는 말이었다.

'하, 이 양반이 시세를 잘 모르는 모양일세. 잘만 흥정하면 제법 싸게 사서 이문을 많이 남길 수 있겠다.'

그래서 도평 사람은 일단 에누리를 해보았다.

"20원에 파시오."

"허어, 23원에 사도 한 5원은 더 받을 테니 사려거든 그 값은 주고 가져가시오."

저승을 왕래하였다는 사람은 시세와 상관없이 말을 팔되, 무슨 이유에선지 에누리는 하지 않을 작정임이 분명하였다.

"좋소. 23원에 사리다."

도평 사람은 23원을 세어 저승 왕래한 사람에게 주었다.

그런데 이 사람은 23원을 확인하자, 도평 말 장사에게 1원을 거슬러 주는 게 아닌가.

"아니, 1원 싸게 파는 거요?"

라고 묻는 순간, 저승 왕래한 사람은 다시 2원을 거슬러 주었다. 결국 말 값은 20원이 된 셈이었다.

"어찌해서 이렇게 많이 거슬러주는 것이오?"

"내 마음 때문에 그렇소."

그 마음이야 어쨌든 도평 사람은 기쁘지 그지없었다. 속 계산으론 최소 5원은 이문이 남게 되었으니 말이다.

거기에다 저승 왕래하였다는 사람은 도평 말 장사에게 이렇게 덧붙였다.

"날도 이미 저물었으니 웬만하면 우리 집에서 하룻밤 묵고 가시구려."

도평 사람은 하긴 어디서 하룻밤 자려면 숙박비도 들 텐데 마침 잘됐구나 생각하였다.

"고맙소이다."

이렇게 두 사람은 함께 잠을 자게 되었다. 도평 사람이 궁금한 점을 물었다.

"어찌해서 저승을 왕래하였다는 소문이 났습니까? 정말 저승엘 다녀왔소?"

"저승 갔다 왔어요."

"허참, 거 저승 갔다 온 이야기나 해보시오."

저승 왕래한 사람은 그런 소문이 나게 된 사연을 도평 말 장사에게 해주었다.

얼마 전 자기가 갑자기 죽게 되었다는 것이다. 그래서 저승을 갔는데, 저승에서 이리저리 조사를 해보더니 무슨 착오가 있었다면서,

"너는 잘못 왔다. 도로 이승으로 가라."

라고 하였다.

그래서 다시 이승으로 가려는데, 갑자기 이미 돌아가신 아버지 어머니 생각이 났다. 이 저승 어디에 부모님이 계실 것이고, 어찌들 지내고 계시는지 궁금도 하였다. 그래서 저승왕한테 부탁을 하였다.

"이왕 저승에 온 김에 부모님 뵙고 가고자 합니다."

저승에서는 자기들 잘못도 있고 해서 이 부탁을 받아들여 주었다.

저승 왕래한 사람은 우선 아버지부터 찾아가보았다.

저승 관리가 아버지가 들어 있는 방의 문을 열어주었는데, 아버지는 꿇어앉은 채 쇠꼬챙이로 눈망울이 쫙 찢겨 있었다.

"아니, 아버지 눈망울은 왜 그리 찢겼습니까?"

"저울눈을 지나치게 잘 보려 했다고 이리 찢겨버렸다."

살아생전에 좀 인색하게 굴었던 아버지이긴 하였다. 저승에 온 사람은 마음이 편치 않았다. 그래도 어머니도 뵙고 가야 하지 않겠는가 하여 어머니 방도 열어달라고 하였다.

저승 관리는 짜증을 내었다.

"뭐 볼 게 있다고. 시간이 급하니 얼른 보고 가라."

어머니 방문을 탁 열어주니, 어머니는 바닥에 딱 엎딘 채 열 손가락 모두에 못을 하나씩 박아놓고 있었다.

"아, 어머니! 이게 어찌 된 일입니까?"

"말[斗]을 될 때 정확히 되려고 손으로 싹싹 쓸어 밀면서 곡식을 깎았다고 이리되었구나."

살아생전에 어머니가 쌀장사를 하면서 제대로 말[斗]을 되지 않아 부당하게 이문을 남겼다고 벌을 받는 셈이었다.

저승에 온 사람은 가슴이 답답하여 미칠 것 같았다.

"어머니, 언제까지 이렇게 지내야 한답니까?"

"앞으로도 3년은 더 이렇게 지내야 죄가 좀 풀린다고 하는구나."

"3년이나 더!"

그때 저승 관리가 시간이 촉박하다며 어머니 방문을 탁 닫아버렸다.

이렇게 저승을 가서 아버지 어머니 지내는 양을 보고 오니, 이 사람은 부모님 쬣값을 이승에서 자기가 대신 갚아야겠다고 마음먹게 되었다는 것이다.

"그러니 말 값 23원 중에 거슬러 드린 3원은……."

"아하!"

"1원은 내 쬣값이요, 1원은 아버지 쬣값이요, 나머지 1원은 어머니 쬣값인 셈이지요."

"아하!"

도평 말 장사는 저승 갔다 온 사람의 이야기를 들으며 사뭇 탄식을 하였다. 그저 말을 싸게 샀다고 좋아할 일만은 아니었던 까닭이다.

참고문헌

진성기, 『남국의 전설』, 학문사, 1978.

진성기, 『제주도 전설집』, 제주민속연구소, 2001.

진성기, 『제주도 민속』, 제주민속연구소, 1997.

진성기, 『남국의 민요』, 정음사, 1979.

현길언, 『제주도 이야기』 1·2, 창작과비평사, 1997.

제주대 탐라문화연구소, 『제주설화집성』, 1985.

한국정신문화연구원, 『한국구비문학대계』 9-1·2·3, 1983.

제주도, 『제주도전설지』, 1985.

제주문화원, 『제주전설집』 1·2, 2012.

나오며

-『삼국유사』가 놓친 '탐라유사'

이 책을 끝으로 『제주 신화』 전 2권, 『제주 전설』 전 5권, 『제주 민담』 등 모두 여덟 권의 '탐라유사(耽羅遺事)'가 마무리되었다. 군이 '탐라유사'라고 외람된 별명을 붙여보는 것은 『삼국유사(三國遺事)』와의 관련 때문이다.

'해동안홍기'는 구한(九韓)에 대해 1은 일본, 2는 중화(中華), 3은 오월(吳越), **4는 탁라(乇羅)**, 5는 응유(鷹遊), 6은 말갈(靺鞨), 7은 단국(丹國), 8은 여진, 9는 예맥이라 했다.

-『삼국유사』「마한」

『삼국유사』는 4 '탁라[乇羅]'에 대해 더 언급하지 않는다. 이른바 '탐라'는 존재는 분명하되 그 내용이 없는 것이다. 제주(탐라)가 고향인 나는 이 점이 못내 아쉬웠고, 명색 작가가 되어서는 이 대목을 나름대로 해결하고 싶다는 소망을 품게 되었다. 일연 스님이 돌아보지 못한 탐라의 이야기들을 알기 쉽게 총정리해서 보완하자.

2000년에 들어서면서 틈틈이 제주 신화를 리라이팅하기 시작했고 10년쯤 후 제주 전설들을 섭렵한 결과물을 소박하게 내놓았으니, 가다 쉬다 했던 이 작업이 시간상으로는 10년의 장정이었다. 그 10년 적공(十年積功)을 '살림지식총서'가 한데 불러 모아 이렇듯 볼만하게 8권 세트로 꾸며주매 감회와 감사의 마음이 넘치지 않을 수 없다. 이야기를 좋아하는 사람들과 함께 둘러앉아 이 진수성찬을 다시금 만끽하고자 한다.

한편 현재 제주도 인구는 65만 정도인데, 한 해 유입자가 1만 명 이상이고 관광객은 1,000만 명을 웃돌고 있다. 바야흐로 '제주 홀릭'의 시대, 땅값은 치솟고 아파트 거래가격은 폭발적으로 상승 중이다. 그러나 땅값 아파트값 상승이라는 물질적 풍요(?)는 역설적으로 그 안의 정신을 핍박하는 결과로 나타날 수도 있지 않을까. 이 책은 그런 우려를 딛고, 아파트와 땅 밑에 스민 제주(탐라)의 에스프리를 복원하여 재미있게 전달하려는 데도 한 목적이 있다. 모든 것이 변해도 결코 변하지 않는 탐라의 원형질이 무엇인가를.

이 책들로 인해 제주도민이나 북적이는 관광객들 중 누군가 '천지왕'을 잘 알게 되고, '설문대할망'은 어떻게 살았는지, '오돌또기'라는 노래는 어떻게 비롯되었는지 등등 이런저런 궁금증을 해소하며 잠시 이 삶을 돌아볼 계기를 찾게 된다면 내 소임은 제법 다하는 셈이겠다.

2016년 4월

이석범/소설가

프랑스엔 〈크세주〉, 일본엔 〈이와나미 문고〉, 한국에는 〈살림지식총서〉가 있습니다.

📖 전자책 | 🔍 큰글자 | 🔊 오디오북

제주 민담

펴낸날	초판 1쇄 2016년 4월 30일
	초판 2쇄 2022년 2월 10일

엮은이	이석범
펴낸이	심만수
펴낸곳	(주)살림출판사
출판등록	1989년 11월 1일 제9-210호

주소	경기도 파주시 광인사길 30
전화	031-955-1350 팩스 031-624-1356
홈페이지	http://www.sallimbooks.com
이메일	book@sallimbooks.com

ISBN	978-89-522-3374-5 04080
ISBN	978-89-522-0096-9 04080 (세트)

※ 값은 뒤표지에 있습니다.
※ 잘못 만들어진 책은 구입하신 서점에서 바꾸어 드립니다.

376 좋은 문장 나쁜 문장 `eBook`

송준호(우석대 문예창작학과 교수)

어떻게 좋은 문장을 쓸 수 있을 것인가? 우선 좋은 문장이 무엇이고 그렇지 못한 문장은 무엇인지 알아야 할 것이다. 대학에서 글쓰기 강의를 오랫동안 해 온 저자가 수업을 통해 얻은 풍부한 사례를 바탕으로 문장교육을 제대로 받지 못한 독자들에게 좋은 문장으로 가는 길을 제시하고 있다.

051 알베르 카뮈 `eBook`

유기환(한국외대 불어과 교수)

알제리에서 태어난 프랑스인, 파리의 이방인 알베르 카뮈에 대한 충실한 입문서. 프랑스 지성계에 혜성처럼 등장한 카뮈의 목소리는 늘 찬사와 소외를 동시에 불러왔다. 그 찬사와 소외의 이유, 그리고 카뮈의 문학, 사상, 인생의 이해와, 아울러 실존주의, 마르크스주의 등 20세기를 장식한 거대담론의 이해를 돕는 책.

052 프란츠 카프카 `eBook`

편영수(전주대 독문과 교수)

난해한 글쓰기와 상상력으로 문학사에 커다란 발자취를 남긴 카프카에 관한 평전. 잠언에서 중편 소설 「변신」 그리고 장편 소설 『실종자』와 『소송』 그리고 『성』에 이르기까지 카프카의 거의 모든 작품에 대한 해석을 담고 있다. 또한 이 책은 카프카의 잠언과 노자의 핵심어인 도(道)의 연관성을 추적하는 등 새로운 관점도 보여 준다.

271 김수영, 혹은 시적 양심 `eBook`

이은정(한신대 교양학부 교수)

힘과 새로움으로 가득 차 있는 김수영의 시 세계. 그 힘과 새로움의 근원을 알아보고 지금까지와는 다른 새로운 독법으로 그의 시 세계를 살펴본다. 그와 그의 시에 대해 깊은 애정을 가진 저자는 김수영의 이해를 위한 충실한 안내자 역할을 자처한다. 김수영의 시 세계를 향해 한 발 더 들어가 보고자 하는 독자들에게 유익한 책이다.

369 도스토예프스키

eBook

박영은(한양대학교 HK 연구교수)

『카라마조프가의 형제들』과 『죄와 벌』로 유명한 러시아의 대문호 도스토예프스키. 그의 작품에 등장하는 생생한 인물들은 모두 그의 힘들었던 삶의 경험과 맞닿아 있다. 한 편의 소설 같은 삶을 살았으며, 삶이 곧 소설이었던 작가 도스토예프스키의 생의 한가운데 서서 그 질곡과 영광의 순간이 작품에 어떻게 드러나는지를 살펴본다.

245 사르트르 참여문학론

eBook

변광배(한국외대 불어과 강사)

사르트르의 『문학이란 무엇인가』에서 전개된 참여문학론을 소개하면서 억압받는 자들을 위한다는 기치를 높이 들었던 참여문학론의 의미를 성찰한다. 참여문학론의 핵심을 이루는 타자를 위한 문학은 자기 구원의 메커니즘에 문제가 생겼을 때 이 문제를 해결하고, 그 메커니즘을 보충하는 이차적이고도 보조적인 문학론이라고 말한다.

338 번역이란 무엇인가

eBook

이향(통역사)

번역에 대한 관심이 날로 늘어 가고 있다. 추상적이거나 어렵게 느껴지는 번역 이론서들, 그리고 쉽게 읽히지만 번역의 전체 그림을 바라보기에는 부족하게 느껴지는 후일담들 사이에 다리를 놓는 이 책은 번역의 이론과 실제를 동시에 접하여 번역의 큰 그림을 그리고자 하는 독자들에게 안성맞춤이다.

446 갈매나무의 시인, 백석

eBook

이숭원(서울여대 국문과 교수)

남북분단 이후 북에 남았지만, 그를 기리는 많은 이들의 노력으로 백석은 현재 우리나라에서 가장 주목받는 시인 중 한 사람이다. 이 책은 시인을 이해하는 많은 방법 중 '작품'을 통해 다가가기를 선택한 결과물이다. 음식 냄새 가득한 큰집의 정경에서부터 '흰 바람벽'이 오가던 낯선 땅 어느 골방에 이르기까지, 굳이 시인의 이력을 들춰보지 않더라도 그의 발자취가 충분히 또렷하다.

053 버지니아 울프 살아남은 여성 예술가의 초상   eBook

김희정(서울시립대 강의전담교수)

자신만의 독창적인 글쓰기 방식을 남기고 여성작가로 살아남는다는 것이 어떤 의미를 갖는지를 보여 준 버지니아 울프와 그녀의 작품세계에 관한 평전. 작가의 생애와 작품이 어우러지는 지점들을 추적하는 방식으로, 모더니즘 기법으로 치장된 울프의 언어 저변에 숨겨진 '여자이기에' 쉽게 동감할 수 있는 메시지들을 해명한다.

018 추리소설의 세계

정규웅(전 중앙일보 문화부장)

추리소설의 역사는 오이디푸스 이야기까지 거슬러 올라간다. 저자는 고전적 정통 기법에서부터 탐정의 시대를 지나 현대에 이르기까지 추리소설의 역사와 계보를 많은 사례를 들어 재미있게 설명하고 있다. 추리소설의 'A에서 Z까지', 누구나 그 추리의 세계로 쉽게 빠져들게 하는 책이다.

199 디지털 게임 스토리텔링   eBook

한혜원(이화여대 디지털미디어학부 교수)

디지털 시대의 새로운 이야기 양식을 소개한 책. 디지털 패러다임의 중심부에 게임이 있다. 이 책은 디지털 게임의 메커니즘을 이야기 진화의 한 난계보서 설명한다. 게임의 역사에 있어서 중요한 패러다임의 변화, 게임이라는 새로운 지평에서 펼쳐지는 새로운 이야기 양식에 대한 분석 등이 흥미롭게 소개된다.

326 SF의 법칙

고장원(CJ미디어 콘텐츠개발국 국장)

과학의 시대다. 소설은 물론이거니와 영화, 애니메이션, 만화, 게임 등 온갖 형태의 콘텐츠가 SF 장르에 손대고 있다. 하지만 SF 콘텐츠가 각광을 받고 있는 것에 비해 이 장르에 대한 깊이 있는 이해를 도울 만한 마땅한 가이드북이 존재하지 않는다. 이 책은 이러한 아쉬움을 채워주기 위한 작은 출발점이 될 것이다.

eBook 표시가 되어있는 도서는 전자책으로 구매가 가능합니다.

㈜살림출판사

www.sallimbooks.com

주소 경기도 파주시 문발동 522-1 | 전화 031-955-1350 | 팩스 031-955-1355